Graciliano Ramos
Um escritor personagem

Maria Izabel Brunacci

Graciliano Ramos
Um escritor personagem

autêntica

Copyright © 2008 by Maria Izabel Brunacci

PROJETO GRÁFICO DA CAPA
Patrícia De Michelis

EDITORAÇÃO ELETRÔNICA
Eduardo Queiroz
Waldênia Alvarenga Santos Ataíde

REVISÃO
Cecília Martins

Todos os direitos reservados pela Autêntica Editora. Nenhuma parte desta publicação poderá ser reproduzida, seja por meios mecânicos, eletrônicos, seja via cópia xerográfica sem a autorização prévia da editora.

AUTÊNTICA

BELO HORIZONTE
Rua Aimorés, 981, 8º andar. Funcionários
30140-071 . Belo Horizonte . MG
Tel: (55 31) 3222 68 19
Televendas: 0800 283 13 22
www.autenticaeditora.com.br
e-mail: autentica@autenticaeditora.com.br

Dados Internacionais de Catalogação na Publicação (CIP)
(Câmara Brasileira do Livro)

> Brunacci, Maria Izabel
> Graciliano Ramos: um escritor personagem / Maria Izabel Brunacci. — Belo Horizonte: Autêntica Editora, 2008.
>
> Bibliografia
> ISBN 978-85-7526-326-6
>
> 1. Ramos, Graciliano, 1892-1953 - Crítica e interpretação I. Título.
>
> 08-03714   CDD-869.98

Índice para catálogo sistemático:
1. Escritores brasileiros: Apreciação crítica : Literatura brasileira 869.98

A Sofia: futuro.
Ao MST: possibilidade.
Aos Buembas: práxis.

"Procurando heróis entre a gente que não sabe analisar os próprios sentimentos, Graciliano Ramos ao mesmo tempo se impõe uma limitação e põe à prova a sua técnica. Ser-lhe-ia infinitamente mais fácil descobrir a complexidade em criaturas proustianas do que nos meninos de Sinhá Vitória, a que nem nome dá. Escolheu o caminho mais difícil – e saiu vitorioso, porque viu criaturas humanas nesses retirantes. E as viu tão humanas, que até a cachorra Baleia foi humanizada com uma ternura nova no autor, uma ternura que põe uns longes de poesia no livro."

Lúcia Miguel Pereira,
A leitora e seus personagens, p. 150

Sumário

Prefácio 11

Introdução 15

Forma literária como mediação do processo social 27
   A mediação como problema 48
      Instâncias da mediação 50
      Tipos de mediação 57
      Níveis de mediação 65
      A mediação na literatura latino-americana 68

*O posicionamento de classe do escritor
na obra de Graciliano Ramos* 85
   A ficcionalização da oralidade 88
   O autoquestionamento da literatura como categoria analítica 118
   A língua literária nacional 125

Formas de reificação na obra de Graciliano Ramos 135
   A linguagem e o mundo das coisas: três narradores escritores 144
   A linguagem e o mundo da falta em *Vidas secas* 153

Conclusão 179

Referências 185

Prefácio

Hermenegildo Bastos

A voz narrativa em *Vidas secas*

O livro de Maria Izabel Brunacci resulta do esforço coletivo do grupo de pesquisa *Literatura e modernidade periférica*, o qual produziu 10 teses de doutorado e mais algumas de mestrado, além de numerosos trabalhos de graduação. A expressão "esforço coletivo" está apropriada porque crescemos juntos, orientandos e orientador, em reuniões semanais com discussões e colaborações mútuas. Pudemos assim produzir, mais do que um conjunto de teses, uma linha de trabalho e pesquisa sobre literatura brasileira. Procurar ver na obra as conexões com a vida social, construindo um modelo de análise e interpretação, tem sido o nosso propósito. Podemos dar um nome a esse modelo: crítica literária como leitura histórica. Anima-nos a idéia de que a história não é o passado, mas que o presente também o é. O crítico, ao se colocar perante uma obra do passado, deve lê-la na sua atualidade. Isso fez Maria Izabel Brunacci no seu livro sobre *Vidas secas*. O que nos faz ler hoje escritores como Graciliano Ramos, Guimarães Rosa, Machado de Assis, Carlos Drummond de Andrade, Murilo Rubião? A resposta é: a idéia de que suas obras preservam o passado da máquina voraz do progresso, nos impõem a reflexão sobre a evolução histórica e nos fazem ver a história de outra maneira que não a maneira oficial, que é sempre linear, que interessa a quem detém o poder e tem pressa em varrer o passado. Essas obras parecem dizer aos que detêm o poder: não permitimos ser enganados, é preciso estancar o progresso, para construir um mundo outro.

Entre outros méritos, o livro de Izabel Brunacci tem o de ter enfrentado, e bem, a questão espinhosa da voz narrativa de *Vidas secas*, que é uma das poucas obras de nossa literatura em que se mostra o outro de classe. Evitou, e nisso também está de parabéns, o lugar comum que é hoje o tema da alteridade da maneira como vem sendo colocado por leitores apressados de Bakhtin. O livro de Brunacci abre um debate que, se percorrido, deverá ser proveitoso para a crítica brasileira. A alteridade chegou até nós esvaída de seu conteúdo político – que, no entanto, está presente em Bakhtin. Dialogismo é, ao contrário do que apregoam os multiculturalistas, antagonismo. Dialógica é a luta de classes. Dialógico é o conflito de interesses. Assim, para que haja alteridade é preciso que alguém (individual e/ou coletivamente) se constitua como outro, vale dizer: tenha voz para gritar e ser ouvido e presença atuante para fazer valer seus interesses.

    A voz narrativa em *Vidas secas* tem sido estudada a partir da técnica do discurso indireto livre. Essa é uma técnica dialógica, no sentido acima sublinhado. Confundem-se – mas sem apagar as diferenças, o que não seria próprio a Graciliano – as vozes do personagem e do narrador. Mas o que isso quer dizer exatamente? Quer dizer que lemos em *Vidas secas* duas histórias diferentes mas intencionalmente misturadas: a história dos personagens e a história do escritor, mediado pelo narrador em terceira pessoa. Uma terceira pessoa falsa, porque se lemos aí a história do escritor Graciliano; se podemos aí captar a posição de classe do escritor, é porque o narrador não é neutro, está envolvido na história que narra.

    A história do escritor é a história de um drama. Álvaro Lins dizia que Graciliano é um historiador da angústia. Mas a angústia também do intelectual que vive o seu drama numa sociedade de desigualdades tão grandes como a brasileira. Como se colocar como intelectual junto ao povo explorado e sem voz? Imaginando um espaço em que o sem voz passaria a ter voz. É de se lembrar que Graciliano recusou que fosse mudado o final de *São Bernardo*, retirando-se dele o suicídio de Madalena, para um filme. Ter assumido as contradições é a força desse escritor.

    Como se colocar um intelectual frente ao povo explorado – nesse caso um intelectual artista, mestre reconhecido como um dos quatro maiores ficcionistas brasileiros? Em forma de arte. Só uma obra de arte plenamente realizada poderá constituir-se como antítese da sociedade que quer criticar. Para ser o historiador da angústia era necessário produzir grandes obras literárias. E a obra é grande, não porque reluz como brilho de pirotecnias, mas porque intervém nas contradições da sociedade. A sua forma de intervenção é sua eficácia estética.

Eliminada a criação de um caboclo bem falante (e até politizado ou em vias de sê-lo), o que ainda resta? A grandeza artística está em construir uma voz narrativa contaminada por aquele que não tem voz e cuja presença na obra resulta de uma espécie de negociação. *Vidas secas* construiu uma negociação, ou um dialogismo, se preferirem a palavra. Digo "construiu" porque a negociação não está na realidade como um dado bruto. É um projeto da obra. Fabiano marca sua presença na obra como um vírus, algo capaz de contaminar a obra, cortar as palavras glamorosas, impedir a literatice, desenvolver o autoquestionamento literário. Se Graciliano é seco, como se diz, mestre da escassez, é sua matéria literária quem o determina.

Entre a voz do personagem e a do escritor (e seu narrador) há defasagens, e são elas que nos interessam. Os desvãos que são preenchidos pela negociação. Mas o seu princípio é muito claro: que não se esqueça que personagem e escritor não são o mesmo, embora se aproximem e se toquem.

Vidas secas aí continua, mas não como uma coisa imóvel. Livros outros surgirão ainda. Certeza temos, entretanto, de que a leitura do livro de Brunacci é hoje algo fundamental para a continuidade dos estudos sobre esse livro, que este ano completa 70 anos de vida. Não devo me alongar mais, roubando ao leitor a experiência que será ler este excelente trabalho.

Introdução

Em outubro de 1942, no Rio de Janeiro, por ocasião de um jantar de homenagem a Graciliano Ramos – "noite de reparação", nas palavras de Augusto Frederico Schmidt – o escritor alagoano pergunta aos intelectuais que o homenageavam:

> Mas por que estamos aqui? [...] É preciso descobrirmos um motivo para esta reunião. Penso, meus senhores e amigos, que a devemos à existência de algumas figuras responsáveis pelos meus livros – Paulo Honório, Luiz da Silva, Fabiano. Ninguém dirá que sou vaidoso referindo-me a esses três indivíduos, porque não sou Paulo Honório, não sou Luiz da Silva, não sou Fabiano. Apenas fiz o que pude para exibi-los, sem deformá-los, narrando, talvez com excessivos pormenores, a desgraça irremediável que os açoita. É possível que eu tenha semelhança com eles e que haja, utilizando os recursos duma arte capenga adquirida em Palmeira dos Índios, conseguido animá-los. (RAMOS, 1943, p. 29)

Assim é que, nessa noite de desagravo, na presença de um ministro do Governo Vargas, de intelectuais que apoiavam o ditador e de outros perseguidos por ele, Graciliano reafirma o compromisso de sua arte literária com "essas personagens, que, estacionando em degraus vários da sociedade, têm de comum o sofrimento". Ao fazer isso, associou-se aos escritores, artistas e pensadores que o homenageavam "numa demonstração de solidariedade a todos os infelizes que povoam a terra".

Os problemas da posição de classe do escritor têm um alto peso na vida e na obra de Graciliano Ramos, atingindo um grau incomum de radicalidade. Daí seu esforço por tornar presentes no salão do requintado jantar as figuras emblemáticas de Paulo Honório, Luiz da Silva e Fabiano, cada uma representando a seu modo um degrau diferenciado da sociedade.

O posicionamento do escritor como cidadão na vida social – que Graciliano Ramos deixa claro nesse discurso – não pode ser confundido com o posicionamento do autor de uma obra literária de sua produção: esta não é uma construção pacífica, uma vez que é parte das contradições da sociedade, é resultado delas e, ao mesmo tempo, pode evidenciá-las e iluminá-las. Não por acaso Graciliano situa suas personagens nas diferentes camadas da sociedade: Paulo Honório, de *São Bernardo,* é o latifundiário; Luís da Silva, de *Angústia,* é o homem da classe média, oriundo da aristocracia decadente do Nordeste brasileiro; João Valério, de *Caetés*, é o pequeno-burguês de cidade provinciana do interior. Apenas Fabiano e sinha Vitória, de *Vidas secas,* não são narradores-personagens e não são letrados. O *modo* como Graciliano Ramos situa cada uma dessas personagens no processo social vale a pena analisar. Não é por acaso que os narradores-personagens desse autor são todos escritores – ou têm pretensão de sê-lo – e estão às voltas com o fazer literário como atividade árdua, dolorosa, reflexiva e insuficiente para suas necessidades de expressão. Para melhor avaliar as tensões vividas pelo *escritor como mediador* das contradições presentes na sociedade em que se produzem as obras, trabalho aqui com o conceito desenvolvido por Rama (1987, p. 99-100):

> Este narrador o este destinatario del relato ocupa el papel de mediador, un de los "roles" característicos de los procesos de transculturación: en él se deposita un legado cultural y sobre él se arquictetura para poder transmitirse a una nueva instancia del desarrollo, ahora modernizado. Es el escritor quien ocupa el puesto de mediador, porque ésa es su función primordial en el proceso, y es él quien devuelve al relato esa función mediante personajes que desempeñan dentro del texto esa tarea.

Esse processo de mediação depende necessariamente da maneira como o escritor se posiciona perante a literatura como prática social envolvida nos conflitos de classe. As relações entre ideologia e obra literária não se dão mecanicamente, são mediadas, entre outras coisas, "pela natureza da operação dos códigos e convenções estéticos através dos quais a ideologia é transformada e nos quais se expressa" (WOLFF, 1982, p. 85). Essa questão é objeto de discussão no primeiro capítulo desta pesquisa. A partir dela, analisarei *Vidas secas* e, se necessário, os outros romances de Graciliano Ramos, em busca da visão do conjunto de sua obra ficcional.[1]

No caso brasileiro, essas questões históricas parecem não ter perspectiva de solução – subordinação ao capital estrangeiro, disputas pela terra, pobreza, como também movimentos sociais de genuína inspiração popular, ao lado de todo um conjunto de encenações de mudança de curso pelas elites nacionais – e derivam inescapavelmente de motivações econômicas da acumulação capitalista, com raízes no processo de modernização de que o Brasil tem sido objeto desde a colonização, que se caracteriza pela concentração dos meios de produção por uma minoria. Basta ver que, recentemente, pesquisa do Instituto Brasileiro de Geografia e Estatística (IBGE) indicou a concentração de 70% da renda nacional, em um universo populacional de mais de 180 milhões de habitantes, nas mãos de apenas 5.000 famílias (BRASIL, 2004). Esse dado, entre outros, fornece o contorno de uma situação que perdura ao longo da história, no bojo de uma desigualdade estrutural – e dos conflitos dela decorrentes – com a qual a literatura brasileira vem lidando desde o período colonial, não só expressando-a, mas também como parte dela.

E a obra de Graciliano Ramos concretiza, certamente, em seus romances a apreensão desse conjunto de contradições, extrapolando a mera referência direta ou indireta a elas, de modo a ultrapassar os elementos sociais como assunto de suas narrativas e a transformá-los em elementos constituintes da estrutura mesma de suas obras. Trata-se aqui de estabelecer relações que vão muito além do que comumente se conhece como *o contexto* a que uma obra literária faz referência. O que se propõe neste trabalho – e que é um desdobramento da questão da posição de classe do escritor, já referida – é a abordagem da ficção de Graciliano Ramos na perspectiva apontada por Jameson:

---

[1] No campo dos estudos literários de orientação materialista há certa polêmica quanto ao conceito, à intensidade, aos tipos e aos níveis de mediação, mas adoto nesta pesquisa a perspectiva de Wolff, para quem a cultura (e a literatura) "é mediada pela complexidade e pela natureza contraditória dos grupos sociais nos quais se origina; é mediada pelas situações específicas de seus produtores"; e "é mediada pela natureza da operação dos códigos e convenções estéticos através dos quais a ideologia é transformada e nos quais se expressa" (1982, p. 85), que é também compatível com os conceitos de JAMESON (1992, p. 71 e ss), RAMA (1987, p. 99-100) e CANDIDO (1997, p. 33-5; 2002, p. 51-62).

> [a obra literária] como reescritura ou reestruturação de um *subtexto* histórico ou ideológico anterior, sendo sempre entendido que esse "subtexto" não se faz imediatamente presente enquanto tal, não é a realidade externa do senso comum, e nem mesmo as narrativas convencionais dos manuais de história, mas tem sempre de ser (re)construído a partir do fato. (1992, p. 74)

Em outras palavras, trata-se da *ideologia da forma*, isto é, de um modo de análise que intenta investigar, na relação entre a obra literária e os sistemas de signos da sociedade, "os processos formais como sendo, em si próprios, conteúdos sedimentados, distintos do conteúdo ostensivo ou manifesto das obras" (p. 90).

Em vista disso, o objetivo desta pesquisa é analisar *Vidas secas*, de Graciliano Ramos, em perspectiva comparativa com os demais romances desse autor, para investigar os processos pelos quais o conteúdo social se estabelece como estruturante de suas obras, como essa obra se insere na tradição literária brasileira e sua relação com os momentos da história social do País, bem como as soluções políticas, éticas e estéticas apresentadas pelo autor para esses momentos.

Paralelamente a essa análise e em estreita colaboração com ela, pretendo realizar o estudo das formas da *reificação*[2] em *Vidas secas*, de modo que me permita estabelecer as conexões entre a forma literária e o processo social. Essas formas dizem respeito tanto ao tipo de relação que se estabelece entre o narrador "culto" e a personagem "inculta" quanto às relações de dominação entre as personagens que interagem no interior da narrativa. Nesse caso, essas conexões deverão contribuir para configurar com mais clareza as funções desse romance no sistema literário brasileiro.

---

[2] O termo "reificação" é utilizado neste trabalho no sentido apontado por Marx, no capítulo II de *O capital*, em que ele trata do processo pelo qual, no modo capitalista de produção, as relações entre as pessoas se transformam nas relações entre as coisas que as pessoas produzem e/ou entre os meios de produção que elas detêm: "[...] na medida em que a propriedade sobre coisas é uma condição para o estabelecimento de relações de produção diretas entre as pessoas, parece que a coisa mesma possui a capacidade, a virtude, de estabelecer relações de produção" (1983) Posteriormente, em *História e consciência de classe*, Lukács (2003) amplia o conceito de reificação, estendendo-o também às artes, inclusive a literatura, e às relações pessoais, inclusive o amor. Assim, o conceito de reificação adquiriu o sentido mais amplo de uma estrutura de consciência característica da época produtora de mercadorias.

Evidentemente, o objetivo acima delineado constitui-se sob a problemática do posicionamento do escritor e de seus desdobramentos. Um desses desdobramentos diz respeito ao tratamento que a literatura reserva à oralidade, que – depois de submetida por completo pela mentalidade bacharelesca e reguladora da sociedade instrumentalizada que se impôs na vida social brasileira, num primeiro momento, ou padronizada para consumo pela indústria cultural, num segundo momento – emerge como matéria recalcada nas obras literárias, representada pela ficcionalização da oralidade das classes populares.

O resgate da oralidade suprimida e/ou recalcada no desenvolvimento do capitalismo no Brasil foi uma das soluções que o romance de 30 encontrou para fazer face aos conflitos e tensões da sociedade brasileira. Assim, imaginava-se dar espaço ao discurso das populações que tiveram a voz silenciada no curso da história social e que poderiam, pela literatura, se manifestar. Trata-se, nesse caso, de "um ato simbólico, por meio do qual as reais contradições sociais, insuperáveis em si mesmas, encontram uma resolução puramente formal no reino da estética" (JAMESON,1992, p. 72).

Mas a solução das contradições sociais na obra literária não significa sua superação na história social; ao contrário, em muitos casos torna visível a impossibilidade de sua superação – uma vez que o texto literário é propriedade do narrador, também ele um sujeito de classe. Por isso é que "o ato estético é em si mesmo ideológico, e a produção da forma estética ou narrativa deve ser vista como um ato ideológico em si próprio, com a função de inventar 'soluções' imaginárias ou formais para contradições sociais insolúveis" (p. 72).

Candido apontou esse problema, ao mostrar, em narrativas de Coelho Neto e Simões Lopes Neto, que as soluções lingüísticas adotadas para representar a oralidade podem "ter um sentido *humanizador* ou um sentido *reificador*" (2002, p. 90. Grifos meus), isto é, podem marcar a aproximação entre um narrador "culto" e uma personagem "inculta", trazendo para o leitor a representação de seres realmente humanos, ou hipertrofiar a distância entre ambos, acentuando a dualidade que marca o sentimento de superioridade cultural do narrador urbano sobre a personagem "inculta".

E neste trabalho veremos que Graciliano Ramos, para lidar com esse problema, utiliza narradores situados em diferentes patamares da vida social, o que evidencia, de uma para outra obra sua, o deslocamento da perspectiva, do *locus* social de onde emana o discurso daquele que narra a história. Essa problemática adquire contorno potencialmente complicado em *Vidas secas*, que, como acontece com qualquer romance narrado em terceira pessoa, arrisca-se mais a separar irrevogavelmente o narrador "culto" da personagem "inculta" e assim cair em um processo empobrecedor de reificação das relações entre eles. A contextualização desses problemas – o processo de mediação, o posicionamento do escritor e suas implicações para a narrativa latino-americana – é desenvolvida no primeiro capítulo deste trabalho, sempre com foco nos romances de Graciliano Ramos.

No romance de 30 – grupo em que as obras desse escritor são comumente classificadas pela historiografia –, a presença da fala popular, em muitos casos, não logrou o que supostamente se pretendia: dar voz ao oprimido pelo resgate de sua cultura oral. Em vez disso, demarcou com clareza o território discursivo do narrador como proprietário da narrativa, que conseguia, no máximo, ficcionalizar tal oralidade, em maior ou menor grau de verossimilhança. Decorrência disso é a percepção que Graciliano expressa acerca dos romances de Jorge Amado e José Lins do Rego, ao considerar o primeiro "portador de uma imaginação romântica que colore a realidade" e o segundo um escritor cuja obra é um "documento" que afasta os leitores interessados em leituras mais imaginativas, como bem notou Bastos (1998, p. 94-95): "em outras palavras: por um lado a literatura como falseamento da realidade; por outro, a literatura como reduplicação da realidade, que só pode ser lida no seu próprio contexto, isto é, não-universal".

Nesse sentido, a ficção de Graciliano Ramos se coloca em diálogo com o romance de 30, ao recusar a estetização da linguagem oral como solução literária para a tensão de classe que gera – e é gerada por – contradições na sociedade, captadas por suas narrativas sob diferentes perspectivas – as dos narradores-personagens criados para os romances em primeira pessoa e a do narrador em terceira pessoa de *Vidas secas*. Por isso analiso, no segundo capítulo, o modo como Graciliano Ramos lida com os problemas decorrentes do posicionamento de classe do escritor, tais como a ficcionalização da oralidade, o autoquestionamento da literatura e a construção de uma língua literária nacional.

No terceiro capítulo deste livro, procedo à análise das formas de reificação na narrativa de *Vidas secas*. Entender a representação desses processos, da forma como foram captados pela literatura há mais de cinqüenta anos, é útil tanto para a identificação das estruturas que a obra literária captou na época de sua produção quanto para investigar se a representação dessas estruturas ainda é fator de produção de sentido para o leitor contemporâneo. Essa análise é importante porque se relaciona diretamente com o ponto de vista de classe adotado por Graciliano Ramos e, combinada com a análise desenvolvida no primeiro capítulo, deverá possibilitar que esta pesquisa aponte com clareza o papel desse romance no sistema literário brasileiro, em termos do diálogo que Graciliano estabelece com as obras literárias do passado e com aquelas que lhe são contemporâneas.

Espero assim aproximar-me, pela via dos estudos literários, da visão de totalidade conforme elaborada por Marx (1981, p. 82 e ss.), quando tratou da capacidade que tem o modo de produção capitalista, no curso de seu desenvolvimento e com o estabelecimento de seu aparato ideológico, de elaborar uma percepção da vida dividida em esferas autônomas – a econômica, a política, a religiosa, a jurídica, a cultural, etc. –, como se as atividades da sociedade se desenvolvessem em paralelo, sem vinculação entre umas e outras esferas e sem nenhuma relação sistêmica entre elas. Trata-se de uma divisão concreta, estratégica para a sobrevivência desse sistema, porquanto escamoteia a visão de totalidade que se afigura quando os protagonistas dos conflitos sociais adquirem a compreensão de que as relações de poder perpassam todas essas esferas; visão essa que é alcançada quando uma das partes do conflito percebe o trabalho como elemento estruturante dessa totalidade.

Esse processo de escamoteamento da totalidade está na raiz mesma da alienação, ligada indubitavelmente à reificação, constituindo um ciclo ininterrupto que visa a substituir a visão totalizadora por uma falsa noção de totalidade: aquela que se configura como um feitiço que seduz as pessoas e que, "na experiência humana, é o equivalente do caráter fetichista da mercadoria" (tradução minha), conforme Adorno (1975, p. 344):

> La conciencia cosificada se ha hecho, en cuanto hechizo, total. La falsedad de esta conciencia es la que promete la posibilidad de su superación: que no quedará así, que la falsa conciencia tiene necesariamente que superarse y no puede tener la última palabra. Cuanto más se dirige la sociedad hacia la totalidad que se reproduce en el hechizo de los sujetos, tanto más profunda se hace consiguientemente su tendencia a la disociación. [...] Cuando lo universal comprime como un instrumento de tortura a lo particular hasta hacerlo astillas, trabaja contra si mismo, puesto que su sustancia se halla en la vida de lo particular; sin él se degrada en una forma abstracta, separada y deleble.

Daí a importância de recuperar a percepção da totalidade social, o que, nas palavras de Jameson (2004, p. 71), "[...] é simplesmente a construção de conexões, a demarcação de fronteiras entre zonas da vida que nossa sociedade sistematicamente separa e afasta".

Nessa perspectiva, a atividade da crítica literária deve contribuir para construir essas conexões e, assim, tentar recuperar essa visão da totalidade, pela recusa da obra literária como manifestação cultural autônoma, desvinculada das demais esferas que se relacionam de maneira complexa na configuração da vida social, tratando de integrar no processo de leitura os conteúdos aparentemente externos à obra literária, mas que são, na verdade, definidores de sua estrutura.

Pretendo assim, com essa estruturação em capítulos e tal distribuição do conteúdo, obter uma visão mais abrangente da obra ficcional de Graciliano Ramos – sua relação com o romance de 30, seu papel no sistema literário brasileiro, sua integralidade ético-estética, sua relação com as diferentes esferas da vida social.

Ciente de que selecionar um *corpus* crítico é também tomar posição, ressalto que as reflexões aqui apresentadas explicitam a perspectiva que norteia meu estudo da literatura brasileira: a do acadêmico que vê a arte literária como projeto estético determinado pelos processos sociais, que também determina esses processos, porque sua relação com eles concretiza-os numa forma. Assim,

> os elementos normalmente considerados externos a um projeto artístico ou intelectual – por exemplo, o modo de vida de uma determinada sociedade – são internos na medida em que estruturam a forma

das obras e dos projetos que, por sua vez, articulam os significados e os valores dessa sociedade. (CEVASCO, 2003, p. 64)

Interessa-me, pois, examinar como os romances de Graciliano Ramos se constituem a partir dessas questões que, em vez de extraliterárias, são consideradas instauradoras do processo estruturante de suas narrativas, no bojo de uma problematização em que os conflitos de linguagem aparecem como representação dos conflitos de classe.

Um problema a ser enfrentado nessa tarefa é a diversidade de leituras que a obra de Graciliano suscitou. Talvez isso não seja propriamente um problema, mas antes uma solução que facilita a relação do pesquisador com essa fortuna crítica. Diante de um *corpus* crítico quantitativamente muito significativo, esta pesquisa teve de proceder a vários cortes, na busca das leituras que marcaram momentos diferenciados na recepção de Graciliano Ramos, que vão desde a crítica de feição impressionista até os trabalhos mais instrumentalizados teoricamente, nas mais diferentes correntes críticas surgidas nos últimos 60 anos.

Desde o aparecimento de *Caetés* (1933), numerosos estudos e análises foram publicados com as mais diferentes abordagens críticas e as mais diversas – às vezes até conflitantes – aproximações ideológicas. A obra de Graciliano Ramos suscitou – e ainda suscita – polêmicas das quais o escritor se manteve relativamente ausente. *São Bernardo* foi publicado em 1934, *Angústia*, em 1936, e *Vidas secas*, em 1938. Além desses quatro romances mais conhecidos e analisados, há narrativas em *Histórias de Alexandre* (de 1944), *Dois dedos* (1945), *Infância* (1945), *Histórias incompletas* (1946), *Insônia* (1947, incluindo *Histórias incompletas*), *7 histórias verdadeiras* (1951), *Memórias do cárcere* (1953, póstuma, quatro volumes), *Viagem* (1954, póstuma), *Viventes das Alagoas* (1962, póstuma), *Alexandre e outros heróis* (1962, póstuma), *Linhas tortas* (1962, póstumas) e *Histórias agrestes* (1967, póstuma, organização de Ricardo Ramos).

Apesar de sua obra anterior a 1945 sugerir o contrário quanto a suas atividades políticas, é apenas nesse ano que Graciliano Ramos se filia ao Partido Comunista Brasileiro – portanto, quando foi preso pela polícia política de Getúlio Vargas, em 1936, o escritor não tinha vínculo que justificasse qualquer acusação de subversão. Hoje se reconhece, como já se reconhecia naquele jantar de desagravo – com quase cinco anos de atraso! – que o provável motivo não declarado para tal prisão era mesmo o conteúdo de seus romances.

Talvez se explique pela trajetória do Graciliano Ramos cidadão o embate ideológico travado pelos críticos literários de sua época em torno de sua obra, que foi por diversas vezes apropriada em tentativas de esvaziamento de seu conteúdo político e de atribuição de uma coloração pitoresca a suas personagens e seus ambientes. Ainda hoje se pode constatar isso nos manuais de literatura do Ensino Médio, para os quais *Vidas secas* é tão-somente um romance pitorescamente nordestino, em que o fenômeno climático da seca é às vezes classificado como tema e personagem (DACANAL, 2001, p. 36).

Pode-se ainda dizer que a evolução da fortuna crítica de Graciliano Ramos reflete a sucessão das correntes críticas que aportaram no mundo acadêmico brasileiro: seus romances, em conjunto ou separadamente, já foram analisados por críticos impressionistas, como também à luz das teorias do *new criticism* e do estruturalismo francês, da psicanálise, da estilística, da semiótica e da teoria marxista e métodos que com ela se relacionam – como o de Antonio Candido, por exemplo. Não se julga o mérito desses estudos críticos, mas também não se nega que se trata de um legado que nos cabe avaliar: conhecê-los em maior número possível é necessário para se atingir a visão de totalidade da relação entre as obras literárias de Graciliano Ramos e a parcela intelectualizada da sociedade brasileira. Isso vale também para o grande número de análises que essa obra provocou fora do Brasil, cujo conhecimento é também necessário para se atingir essa totalidade.

Por isso mesmo se tornou evidente a necessidade de se proceder a um corte nessa fortuna crítica, delimitando um *corpus* cujos autores tenham de fato marcado posições diferenciadas e relevantes na abordagem da ficção de Graciliano Ramos: sabe-se que o discurso do crítico literário é sempre enunciado de um *locus* raramente explicitado, assim como se sabe que a crítica literária – acadêmica ou jornalística – na maior parte das vezes está também a serviço do interesse de algum grupo social.

Isso posto, explicito o lugar ideológico sob cuja perspectiva leio Graciliano Ramos: o de uma tradição crítica que vicejou no Brasil a partir da década de 1950, que reuniu intelectuais – mais do que isso, intérpretes do

Brasil – como Sérgio Buarque de Holanda, Celso Furtado, Antonio Candido, Otto Maria Carpeaux, Carlos Nelson Coutinho, Ruy Mauro Marini, Nelson Werneck Sodré, Ignácio Rangel e Caio Prado Júnior, cujo pensamento teve divulgação bastante restrita durante os anos da ditadura militar brasileira, assim como o de seus colegas latino-americanos, também eles vítimas dos regimes ditatoriais que dominaram o continente nas décadas de 1960 a finais de 1980. Seria interessante, pois, colocar em perspectiva as obras de interpretação do Brasil na possível relação que possam ter com esse *corpus* crítico.

Isso não implica repetição de modelos críticos e/ou teóricos desenvolvidos por esses pensadores, mas a tentativa de aproveitar o conhecimento produzido por eles para dar continuidade ao trabalho de interpretação do Brasil também por meio de sua literatura, como vem sendo feito por obras críticas mais recentes. (BASTOS, 1998; POLINÉSIO, 1994; WEBER, 1997; MAGALHÃES, 2001; LAFETÁ, 2001 e GIL, 1999, entre outros). Significa também que, como pesquisadora, estou consciente de estar lendo a obra de Graciliano Ramos no meu tempo histórico, 70 anos após a publicação de *Vidas secas*, seu último romance. Esse distanciamento temporal certamente estabelece grande diferença entre o que foi ler Graciliano nas décadas de 1930 e 1940 ou nas décadas de 1960 e 1970 – marcadas por governos de exceção – e o que é ler seus romances em um período considerado democrático.

É comum ouvir a observação de que este trabalho de pesquisa deveria ter selecionado obras de literatura contemporânea, de autor que vivencia a realidade presente, porque muito já se escreveu sobre essa literatura da primeira metade do século passado, e ela, supostamente, teria perdido a força emancipadora em sua relação com os leitores do presente. Mas é o próprio tempo presente que mostrará o que nos é ou não contemporâneo na ficção de Graciliano Ramos aqui analisada.

A análise da obra de Graciliano, pautada pelas diferenças entre o tempo histórico de sua produção e o de sua recepção, constitui um momento de revitalização, uma tentativa de desvencilhamento do caráter museológico, denunciador de leituras redutoras que a prenderam aos problemas sociais específicos de seu tempo histórico ou que a institucionalizaram no sistema educacional em leituras limitadoras, tentando restringir-lhe a possibilidade de se projetar no tempo histórico de longa duração. A recusa de rótulos para classificar seus quatro romances – "romance da seca", "crônica do interior do Nordeste", "romance do latifúndio" – é o passo inicial dessa atitude crítica, que se apóia, por outro lado, na distinção das funções que a arte literária desempenha na sociedade – função total, função social e função ideológica:

> A *função total* deriva da elaboração de um sistema simbólico, que transmite certa visão do mundo, por meio de instrumentos expressivos adequados. Ela exprime representações individuais e sociais que transcendem a situação imediata, inscrevendo-se no patrimônio do grupo. [...] A *função social* [...] comporta o papel que a obra desempenha no estabelecimento das relações sociais, na satisfação das necessidades espirituais e materiais, na manutenção ou mudança de uma certa ordem na sociedade. [...] independe da vontade ou da consciência dos autores e consumidores de literatura. [...] Mas quase sempre, tanto os artistas quanto o público estabelecem certos desígnios conscientes, que passam a formar uma das camadas de significado da obra. O artista quer atingir determinado fim; o auditor ou leitor deseja que ele mostre determinado aspecto da realidade. Todo este lado voluntário da criação e da recepção da obra concorre para uma função específica, menos importante que as outras duas e freqüentemente englobada nelas, e que se poderia chamar de *função ideológica* – tomado o termo no sentido amplo de um desígnio consciente, que pode ser formulado como uma idéia, mas que muitas vezes é uma ilusão do autor, desmentida pela estrutura objetiva do que escreveu. (CANDIDO, 2000b, p. 40-41. Grifos meus)

Então, encontrar o vigor da atualidade nas narrativas de Graciliano Ramos será conseqüência dessa abordagem, pela perspectiva da emancipação do leitor de hoje, com todas as implicações decorrentes do processo histórico que nos legou essa obra. Essa é uma atitude crítica coerente com minha convicção da relação dialética entre a literatura e os processos sociais, explicitada anteriormente, para a qual conto com o apoio de Jameson (1992, p. 36):

> [...] a vida social é, em sua realidade fundamental, una e indivisível, uma rede inconsútil, um processo único, inconcebível e transindividual, em que não há necessidade de se inventarem modos de conectar os fatos da linguagem e as convulsões sociais ou as contradições econômicas porque, nesse nível, eles nunca estiveram desligados uns dos outros.

Forma literária como mediação do processo social

O escritor é, antes de tudo, um ser social. Dizer isso à moda euclidiana pode dar a essa afirmativa o tom de lugar-comum, mas aquilo a que esse enunciado remete é o fundamento mesmo das questões colocadas pela literatura moderna como resultado de um dos dilemas da representação literária, do qual Euclides da Cunha certamente não escapou: a questão do posicionamento do escritor. Na América Latina esse ser social é partícipe, nos últimos 50 anos, de um processo de "modernização" econômica, social, política e cultural que, em seu início nos diferentes países do continente, formulou a promessa e criou a expectativa de integração das camadas populares.

Mas essa promessa não foi cumprida, porquanto, em função das pressões internacionais e de seus interesses de classe, as elites continentais foram paulatinamente mudando de rumo e terminaram por incluir esse processo no âmbito da reorganização do capitalismo em escala mundial. Isso se deu de forma mais acentuada a partir das décadas de 60 e 70 do século passado, quando se generalizaram pelo continente as formas de governo das ditaduras militares. E nessa reorganização, que resultou em uma face nova do mesmo velho imperialismo, esses países ocuparam o único papel possível, determinado pela sua condição colonial: o de economias periféricas, fornecedoras de bens primários, importadoras de produtos manufaturados, fortemente dependentes do capital internacional, hoje globalizado. São países donos de dívida externa impagável, de alta concentração de renda e de desigualdades estruturais graves, que geram outra dívida ainda maior – a social –, cuja perspectiva de quitação se apresenta sempre no horizonte do improvável.

Por isso uso aspas na palavra "modernização": não pode um continente com tão expressivo contingente de exclusão ser considerado moderno – nem mesmo no sentido restrito do capitalismo avançado das economias centrais. Ainda mais se levarmos em conta a persistência de práticas arcaicas, que ainda marcam fortemente as relações sociais nos países latino-americanos.

Modernidade, aqui, é, pois, um conceito bastante complexo: de um lado designa o processo de maturação do capitalismo no nível alcançado hoje pelos países que se colocam no centro desse processo. Foi em função de seus interésses que o capitalismo se expandiu em escala planetária, mas de maneira desigual: nos países periféricos, apenas uma pequena parcela da população foi incluída nele, pela posse dos meios de produção. Essa minoria é que reproduz, internamente, as relações de dominação entre centro e periferia, relação essa que é conseqüência e razão de existência do capitalismo, pois um não existiria sem o outro. Por outro lado, o termo "modernidade", explorado no discurso político latino-americano das últimas décadas, remete ao sonho desenvolvimentista alimentado por sucessivos governos no continente.

Foi na década de 1930 que se colocou no horizonte histórico da América Latina a perspectiva de integração dos povos – ou das classes –, que pareceu ter possibilidade de realização, pela efervescência política que marcou essa década. A grande depressão de 1929 provocara a queda de preços dos produtos primários no mercado internacional, obrigando os países latino-americanos, exportadores desses produtos e importadores de produtos industrializados, a adotarem políticas de substituição de importações. Foi o início do processo de industrialização do continente. Foi também quando as classes trabalhadoras urbanas adquiriram visibilidade, em sua mobilização para melhorar as condições de trabalho e de vida.

Movimentos revolucionários foram sentidos no México, na Colômbia, na Argentina, no Uruguai e no Brasil, mas foram prontamente neutralizados, ora pela repressão ora pela política populista de um Perón e de um Vargas. De uma forma ou de outra, porém, as fortes mobilizações e a disputa ideológica contribuíram para criar um clima revolucionário, que se estenderia pelas décadas de 1940 e 1950, após passar, na década de 1930, pela Intentona Comunista e o rumoroso julgamento de Luís Carlos Prestes, no Brasil – que o condena a 16 anos de prisão em 1937 –, alastrando-se em movimentos guerrilheiros de esquerda que culminaram na revolução cubana de 1959. Acende-se nesse momento o sinal de alerta do capitalismo oligárquico latino-americano contra o "perigo vermelho", e, então, começam a ser gestados os golpes de Estado que padronizarão a política dos países do continente ao modelo econômico de aumento do endividamento externo e de abertura da economia ao capital estrangeiro e às empresas transnacionais. Ao mesmo tempo, investe-se econômica e ideologicamente na consolidação de uma classe média destinada ao papel de mercado consumidor dos produtos industrializados no continente.

Nesse contexto, o Brasil passou pelo período varguista (1930-1945), que teve início após a ruptura do pacto das oligarquias de São Paulo e Minas Gerais, pelo qual seus integrantes se revezavam no governo federal. Começou, com o primeiro governo Vargas, um período de grande agitação política, a partir da revolução de 30, no qual os partidos de esquerda e de direita se organizaram e foram ampliando presença na sociedade brasileira. Assim é que o Partido Comunista atuou em curto período de legalidade, o que poderia significar um avanço político, se não tivesse sido simultâneo ao crescimento da Ação Integralista Brasileira e de outras reações, entre elas a declaração do catolicismo como religião oficial do Brasil em 1934.

No caminho para o Estado Novo houve a rebelião dos tenentes do 21º Batalhão de Caça (Pernambuco, 1931), a derrotada Revolução Constitucionalista (São Paulo, 1932), a eleição de Assembléia Constituinte, a greve geral dos funcionários públicos, os choques de operários em greve com participantes do movimento integralista, a criação da Aliança Nacional Libertadora, o fracasso da Intentona Comunista, as insurreições militares no Norte e no Nordeste, a tortura de presos políticos. Ao lado desses eventos, algumas conquistas, como o voto secreto, o direito de voto da mulher, a criação da USP, a eleição da primeira deputada. No campo das produções culturais, surge a música de Noel Rosa; o cinema nacional lança *Limite*, de Mário Peixoto; publicam-se livros de Jorge Amado, Raul Bopp, José Lins do Rego, Graciliano Ramos, Carlos Drummond de

Andrade; cria-se o grupo de pintura Núcleo Bernardelli; os "reclames" popularizam a linguagem do rádio; o teatro de revista divide espaço com o teatro político; surgem *Casa-grande e senzala*, de Gilberto Freyre, e *Evolução política do Brasil*, de Caio Prado Júnior. Nessa primeira fase do governo de Vargas, Graciliano Ramos é preso, em março de1936, e só será libertado em janeiro de 1937, já no início do Estado Novo.

Os automóveis começam a circular nas metrópoles, a arquitetura urbana se moderniza; no entanto, o Brasil apresenta grande número de doenças endêmicas (peste bubônica, tuberculose, febre amarela e hanseníase), baixo índice de saneamento público e expectativa de vida máxima de 50 anos na região Sudeste – nas outras regiões a expectativa é ainda menor. Nas áreas rurais, impera o coronelismo, aliado ao jaguncismo, ao lado da grilagem de terras e da expulsão do pequeno proprietário. Ganha relevo o cangaço, e os nomes de Lampião e Maria Bonita se tornam populares.

Nessa primeira fase, o governo de Getúlio Vargas se caracterizou pela ambigüidade, fazendo concessões e buscando aliados tanto entre os militares progressistas quanto entre os chamados legalistas, ao mesmo tempo em que procurava não contrariar os interesses das oligarquias tradicionais, nas cidades e no campo. Equilibrava-se em um fio de navalha e presenciava seu governo sendo solapado pelo oportunismo de políticos com interesses diversos. Sua situação se tornou insustentável, pela perspectiva de perder as eleições presidenciais de 1937. Então, usando como pretexto um forjado "plano Cohen" – que seria uma prova de conspiração comunista contra seu governo –, Vargas ordena ao Exército o fechamento do Congresso e instaura de um golpe o Estado Novo. Começava a verdadeira "era Vargas", que se estenderá até 1945, com a instituição de "um governo de autoridade e liberto das peias da chamada democracia liberal" (Vargas, em discurso de promulgação da Constituição de 1937, cf. Jover *et al.*, 1989, p. 45).

Tem início uma era de desenvolvimento industrial e repressão política, ao lado de uma postura de governo considerada "populista". Os integralistas, que no primeiro governo foram tolerados por ajudarem no combate aos militantes da esquerda, são empurrados para a ilegalidade e empreendem duas frustradas tentativas de golpe contra Vargas. O cangaço tem suas fileiras engrossadas por toda a sorte de desvalidos na região Nordeste; mesmo sob censura, a imprensa moderniza o parque gráfico; o Brasil descobre petróleo, e Monteiro Lobato reacende a polêmica questão do monopólio estatal; o futebol cresce como "esporte das multidões"; Carmem Miranda faz sucesso nos Estados Unidos. Começa a Segunda Guerra Mundial, e o governo de Vargas se declara neutro, pelo menos enquanto seu ministério se mostra dividido sobre qual dos lados deveria apoiar. Em sua face "populista", o "pai dos pobres" institui o salário-mínimo; o Departamento de Imprensa e Propaganda (DIP), que mantém as artes sob forte censura, publica livros e cartilhas que enaltecem Getúlio Vargas. Em 1938, Lampião e Maria Bonita são mortos, e, em 1940, a morte de Corisco sinaliza o fim do fenômeno social do cangaço. As forças conservadoras, representadas pela União Democrática Nacional (UDN), começam a tomar o cenário político na oposição a Vargas.

Nessa segunda fase, a ambigüidade fica por conta da relação com os artistas e intelectuais, declaradamente críticos do regime: muitos deles trabalharam para o Estado Novo. Drummond foi chefe de gabinete do Ministro da Educação; os pintores Portinari, Pancetti e Guignard, o escultor Bruno Giorgi e o paisagista Burle Marx participaram, com Lúcio Costa e Oscar Niemeyer, do projeto do prédio do Ministério da Educação no Rio de Janeiro. O DIP recrutou também intelectuais da direita, como Cassiano Ricardo e Menotti del Picchia. Graciliano Ramos, por sua vez, foi inspetor de ensino federal a partir de 1939 e colaborador do DIP, na revista *Cultura política*, no período de 1941 a 1944, onde publicou as crônicas que depois foram reunidas em *Viventes das Alagoas*. Foi nesse período que o governo Vargas investiu fortemente na construção de uma imagem de si mesmo, do Brasil e de seu povo:

> Por isso mesmo, no campo intelectual, que aqui nos interessa mais de perto, o Estado Novo tratou de produzir condições materiais e ideológicas que permitissem a mais fácil cooptação do maior número possível de intelectuais para colaborarem em seus órgãos oficiais de imprensa. Isso implicava "teorizar" uma concepção de cultura e de política, o que ficou a cargo dos "intelectuais orgânicos" [...]. (FACIOLI, 1986, p. 66)

Tal é o contexto em que foram publicados os romances de Graciliano Ramos. Como se vê, a década de 1930 constitui um momento complexo na vida nacional, em que um Brasil "remoto" – atrasado e arcaico – contém e está contido num Brasil que se moderniza nas metrópoles. Tendo em vista o choque entre projetos políticos divergentes, é natural que as divergências repercutam também na produção cultural do período.

* * *

Nesta análise, com foco no contexto aqui descortinado, a literatura é tomada como prática discursiva portadora de uma especificidade, ou seja, como um discurso de autor, que veicula a verdade individual de um sujeito específico, até mesmo do sujeito de classe. Considero para isso a noção de sujeito conforme desenvolvida *pari passu* com a expansão do processo capitalista moderno, desde o abismo ameaçador da individualidade das personagens de Shakespeare, início de uma revolução na literatura, que, na Europa, leva cinco séculos para operar a passagem do "eu coletivo" das representações medievais para o "eu individual" da sociedade burguesa, que se tornou hegemônica no século XVIII. Em Portugal é a literatura de Gil Vicente que marca essa passagem da literatura para a modernidade e para o texto de autor.

A noção de sujeito com que trabalho aqui, na perspectiva de Althusser, considera fundamentais os mecanismos sociais pelos quais o sujeito é constituído, a partir do momento em que é interpelado pela ideologia. Por isso se tem em conta a duplicidade da palavra "*sujeito*", que também pode significar "*sujeição*", uma vez que, no processo de constituição do sujeito moderno, "*o indivíduo é interpelado como sujeito (livre), para que se submeta livremente aos mandamentos do Sujeito, isto é, para que aceite (livremente) sua sujeição, ou seja, para que execute sozinho os gestos e atos de sua sujeição. Não há sujeitos senão por e para sua sujeição. É por isso que eles 'funcionam sozinhos'"* (ALTHUSSER, 1996, p. 138). Essa interpelação do indivíduo como sujeito é necessária em sua relação com qualquer dos aparelhos ideológicos do Estado – religioso, escolar, familiar, jurídico, político, sindical, da informação e cultural (p. 114-115) –, que é, em última instância, o Sujeito que submete o sujeito livre e o constitui concretamente por sua sujeição.

Nesse sentido, identificar a subjetividade do autor em literatura implica fazer com que se torne visível sua verdade individual – ao mesmo tempo coletiva e constitutiva dele enquanto sujeito de classe –, que se apresenta discursivamente como conflito e extravasa a mera individualidade, recolocando, para a abordagem da obra literária, a questão de classe implícita na relação do escritor com a matéria da qual se nutre sua literatura: a própria sociedade, com suas relações de poder, suas divergências, suas disputas, seus conflitos e suas tensões. Isso porque esse escritor desempenha, como intelectual, função também distinta na sociedade, em razão de se reconhecer, com maior ou menor clareza, detentor do poder da linguagem e, por isso mesmo, preparado para esse papel de mediador e comprometido com ele, com todas as contradições que essa mediação implica.

Esse estudo do papel do escritor na sociedade, no caso da literatura brasileira, deve necessariamente se desenvolver na perspectiva de uma palavra-chave: "colonização". Isso porque, no jogo de dominação que marca nosso contexto de país colonizado, a literatura não é inocente; ao contrário, por constituir uma forma de interlocução com a sociedade que é também sintoma da violência da colonização, a literatura carrega em si uma culpa da qual não logra se redimir.

De fato, historicamente, a arte literária no Brasil – desenvolvida a partir do modelo europeu trazido na bagagem do colonizador – foi elemento fundador na construção do projeto nacional, no âmbito do processo civilizatório brasileiro. Uma de suas peculiaridades, aliás, é esta: a de se constituir como literatura empenhada das elites brasileiras para a formação da nação. (CANDIDO, 1997, p. 26-28). Esse empenho é tão importante que nos leva a dizer que o projeto nacional, na história brasileira, não existiria sem o projeto literário, como bem nos mostra a literatura dos nossos árcades, num momento, e a de José de Alencar e Joaquim Manoel de Macedo, em outro – estes últimos explicitamente preocupados com a construção da nacionalidade pela literatura.

Reconhecer esse papel da literatura é instigante para a investigação do descompasso entre a nação construída (idealizada) pela literatura brasileira e a nação real (o país que se formou a partir da colonização), resultado da tentativa de transposição do modelo europeu de civilização para as colônias. E não poderia ser diferente, pois essa transposição foi postiça e incompleta, de vez que o conjunto das instituições da vida social não reproduziu, na colônia, a modernidade democrática européia, da qual se amputou a condição objetiva que permitiria ultrapassar, entre outros fatores, o modelo escravagista de sociedade.

A literatura moderna surge na Europa acompanhando o acirramento das contradições das sociedades de classe. No Brasil, a natureza dos conflitos foi bem outra, que colocou à prova os ideais do Iluminismo, tão enraizados na Europa. Isso porque o projeto europeu, ao se estabelecer hegemonicamente na América Latina, logrou estabelecer um novo mundo de confronto, marcado pelo genocídio e pela escravidão, ao lado da exploração predatória das riquezas naturais, constituindo um verdadeiro campo minado sobre o qual se assentou o processo da modernização capitalista, que a literatura passa a captar e do qual é parte.

Então, se na Europa o campo minado da literatura era a força da luta de classes, com o qual era comprometida, ao se transplantar no Brasil, sem o acompanhamento dessas lutas, perdeu-se a contradição que a alimentava. Daí a sua fragilidade no início da formação do sistema literário brasileiro. Sua força retornou aos poucos, à medida que a literatura se abriu para veicular os interesses das camadas populares, recuperando assim o sentido da contradição.

Por isso, vale dizer, "contradição" é outra palavra-chave desta pesquisa. Porque é sob esse signo que a literatura brasileira é aqui analisada; como produção social profundamente comprometida com a modernização capitalista brasileira, mas também vulnerável aos pontos de corrosão desse projeto: "a literatura foi atuante na imposição dos padrões culturais e, a seguir, também como fermento crítico capaz de manifestar as desarmonias da colonização" (CANDIDO, 2000a, p. 172).

O cerne do projeto colonial, de motivação econômica, foi a necessidade de expansão das fronteiras do capitalismo, pelas limitações ao crescimento econômico no continente europeu. Mas é mais do que isso: é o início da europeização do mundo, isto é, do desenvolvimento desse sistema econômico em escala mundial – pela colonização dos países descobertos em razão das grandes navegações –, com sua implantação em diferentes momentos nas diversas regiões do planeta, resultando assim no seu *desenvolvimento desigual*, conveniente para a manutenção das formas de dependência entre os países do denominado capitalismo central e os do chamado capitalismo periférico. Assim se configurou na economia o sistema-mundo, que apresenta diferentes fases da evolução do capitalismo em geografias diversas e que, como forma de organização das forças capitalistas, persiste ainda hoje, sendo a nossa condição colonial parte integrante disso (WALLERSTEIN, 1985, p. 9-37).

Esse fenômeno não se restringe ao âmbito das relações internacionais, mas se reproduz também dentro dos limites dos países colonizados, num processo de instrumentalização conduzido pelas elites locais, em que se estabelecem instituições e/ou aparatos de controle social a partir dos centros urbanos desenvolvidos, para, daí, reproduzir as relações de dependência que atingirão também as áreas rurais, sobre as quais o capitalismo, em processo de interiorização, exercerá seu controle.

Essa condição de dependência, que se reproduz em larga escala nas relações sociais dentro do País e também com os outros países, é uma das faces do processo de transição da economia brasileira, a partir do momento em que deixou de ser formalmente colônia portuguesa e se encaminhou para a configuração de uma economia de mercado. É uma transição que, no entanto, não se completou, visto que, ainda hoje, nos tempos da economia globalizada – ou seja, no auge da mundialização do capitalismo, capitaneada agora pelo capital estadunidense –, a economia brasileira mantém suas características coloniais históricas, de exportadora de matérias-primas e importadora de manufaturas (MARINI, 2000, p. 283). Não houve então, do ponto de vista econômico, a superação da dependência, que se estende também ao campo político, visto que um pressupõe o outro e, no meio de ambos, as relações entre as classes sociais. O presente estudo pressupõe a necessidade de que nos reconheçamos partícipes dessa condição periférica, para que possamos investigar como a literatura brasileira lida com essas tensões.

Condição colonial, aqui, é, pois, termo que explica, na atual configuração do sistema-mundo, a condição de dependência a que foi condenada a maioria dos países que passaram pelo processo de imposição da cultura européia. Nesse sentido, a literatura brasileira é, também ela, dependente, pois possui como matriz a literatura da tradição européia.

Obviamente não ignoro neste trabalho as desigualdades intrínsecas que marcam as relações dos países do continente europeu entre si, também eles caracterizados pelo desenvolvimento desigual. Nessa perspectiva, Portugal e Espanha são economias periféricas na correlação das forças capitalistas do continente europeu; são países em cujo território se apresentam zonas agrárias financeira e tecnologicamente "atrasadas" ao lado de centros financeiros plenamente integrados à economia-mundo. Não se pensa, portanto, na tradição européia como um conjunto monolítico – ao contrário, sabe-se que sua literatura teve de lidar com os confrontos específicos de sua história. Mas se sabe também, no caso das colônias, que a questão da dependência cultural relaciona-se com a duplicidade histórica a que estão sujeitos os países colonizados.

Essa duplicidade manifesta-se na literatura quando esta flagra na matéria local a condição de dependência, porque testemunha a tensa coexistência de dois tempos históricos: a contemporaneidade do progresso capitalista ao lado da não-contemporaneidade das relações desiguais de produção – ou, em outros termos, o avanço de um modo de produção e o atraso da permanência de práticas sociais que o precederam, respectivamente. Então, nesse jogo de contradições, se por um lado a literatura é uma arma do colonizador no processo de construir uma nação sob a égide do desenvolvimento capitalista, por outro abre espaço para a manifestação dos interesses das classes dominadas e silenciadas nesse processo, que pela violência da colonização permaneceram mergulhadas em um tempo histórico anterior.

Assim como analisamos toda essa rede de relações políticas e econômicas na perspectiva dinâmica do sistema-mundo, faz-se necessário pensar também na articulação da literatura brasileira com a literatura-mundo – a *weltliteratur* –, conceito que vem sendo discutido pela Literatura Comparada desde as primeiras formulações de Goethe e que perpassa a análise, feita por Marx e Engels, das condições econômicas do cosmopolitismo moderno e da formação de uma literatura universal, no *Manifesto do Partido Comunista* de 1848:

> No lugar da tradicional auto-suficiência e do isolamento das nações surge uma circulação universal, uma interdependência geral entre os países. E isso tanto na produção material quanto na intelectual. A

estreiteza e o isolamento nacionais tornam-se cada vez mais impossíveis, e das muitas literaturas nacionais e locais nasce *uma literatura mundial*. (MARX; ENGELS, 1998, p. 11-12)

Trata-se, pois, de uma discussão que se desenvolve até chegar, atualmente, a propostas como a de Moretti:

> [...] o capitalismo internacional é um sistema simultaneamente *único* e *desigual*: com um centro e uma periferia (e uma semiperiferia) interligados numa relação de crescente desigualdade. Única e desigual: *uma* literatura (*Weltliteratur*, no singular, como em GOETHE e MARX), ou talvez, melhor ainda, um sistema literário mundial (de literaturas interligadas) [...]. (2000, p. 47)

Essas interligações entre as literaturas nacionais evidenciam a relação de dependência histórica que, para Moretti (p. 47), marca "o destino de uma cultura (normalmente, uma cultura periférica) [que] é intersectado e alterado por uma outra cultura (do centro) que a ignora por completo". É preciso reconhecer, nessa perspectiva, que somos os criadores de uma literatura nacional que *jamais produziu modelos*, e sim os importou.

Essa "importação" e os processos de neutralização das contradições para adequação da forma européia burguesa aos temas brasileiros foram tratados por Schwarz (2000), para quem esse gênero se consolida no Brasil, com José de Alencar, apoiado em sérios problemas de transposição da forma romance, que resultam em um "impasse formal":

> incorporação acrítica duma combinação ideológica normal no Brasil – submetida à exigência de unidade própria ao romance realista e à literatura moderna. Repetindo ideologias, que são elas mesmas repetições de aparências, a literatura é ideologia ela também. (p. 73-74)

Diante dessa inescapável condição, algumas questões se colocam: a literatura pode ser dependente e original/universal? Como é que a literatura dependente pode produzir de maneira significativa para essa literatura-mundo?

Ora, a originalidade e a universalidade não são territórios proibidos para a literatura latino-americana, por exemplo – e mais especificamente para a literatura brasileira –, que, apesar e por causa dessa condição de importadora de modelos e fórmulas, encaminha a relação de dependência para uma relação de interdependência cultural com o centro exportador desses modelos, graças, em grande parte, ao estabelecimento de uma tradição literária local, com a qual essa literatura pode dialogar com vistas à superação das contradições que a mantêm dependente. Ou seja, por um lado,

> o romancista do país subdesenvolvido recebeu ingredientes que lhe vêm por empréstimo cultural dos países de que costumamos receber as fórmulas literárias. Mas ajustou-as em profundidade ao seu desígnio, para representar problemas do seu próprio país, compondo uma fórmula peculiar. Não há imitação nem reprodução mecânica. Há participação nos recursos que se tornaram bem comum através do estado de dependência, contribuindo para fazer deste uma interdependência. (CANDIDO, 2000a, p. 155)

Por outro lado, os escritores latino-americanos souberam se voltar para as obras daqueles que os antecederam e foram capazes de se reconhecerem herdeiros de uma tradição local, consolidando, pelo diálogo com ela, a formação de sistemas literários autônomos (RAMA, 1974, p. 37-49).

Outras questões importantes decorrem dessas, como a consciência da inevitabilidade da dependência cultural, das possibilidades de sua reversão em interdependência e suas conseqüências na obra literária, entre as quais se destaca, como já mencionado na "Introdução", o posicionamento do escritor-mediador diante da situação de produzir literatura em um país cuja maioria da população não tem acesso aos bens culturais. A isso Antonio Candido denomina "consciência do atraso", que se manifesta literariamente sob as formas amena, catastrófica e dilacerada (CANDIDO, 2000a, p. 140-162).

Essa questão é a linha ordenadora das análises literárias empreendidas neste livro, dada a importância atribuída ao discurso literário enquanto manifestação de um sujeito de classe, conforme explicado anteriormente. Há que se verificar como esse posicionamento se representa na obra literária, em sua ordem estrutural: pela voz do narrador, pela voz de uma personagem ou pela interlocução dos dois. É importante saber como o iletrado é representado na cultura do letrado ou, em outras palavras, como o popular – a oralidade – aparece na produção cultural erudita – a literatura, no nosso caso. Equivale a dizer que tentarei apreender os procedimentos pelos quais o autor, na qualidade de sujeito constituído pela ideologia, tenta dar voz a seu outro de classe e ao fazê-lo encena as contradições ideológicas.

Neste ponto é que reitero a importância de examinar as técnicas utilizadas pelos autores do romance de 1930 na representação da língua oral, no sentido de que, além de se saber como essas representações se dão, é preciso também se perguntar a serviço de que interesses estão – ou seja, que soluções imaginárias elas apresentam para as questões sociais –, no contexto de uma cultura em que o iletrado está para a cidade letrada[3] assim como o analfabeto está para a escrita. Digo isso porque esse contexto é por si só um complicador do estudo da literatura como produção social, em países marcados pela imposição, junto com a língua do colonizador, de uma *língua única do Estado*, usada para legitimar uma ordem estatal que, ao mesmo tempo em que constitui o Estado, é constituída e instituída por ele. Isso foi necessário para a instrumentalização e o controle da sociedade administrada e é, por sua própria natureza, uma prática excludente e segregadora de um grande contingente sem domínio da língua escrita.

> En el comportamiento lingüístico de los latinoamericanos quedaran nitidamente separadas dos lenguas. Una fue la pública y de aparato, que resultó fuertemente impregnada por la norma cortesana procedente de la península, la cual fue extremada sin tasa cristalizando en formas expresivas barrocas de sin igual duración temporal. Sirvió para la oratoria religiosa, la ceremonias civiles, las relaciones protocolares de los miembros de la *ciudad letrada* y fundamentalmente para la escritura, ya que sólo esta lengua pública llegaba al registro escrito. La otra fue la popular y cotidiana utilizada por los hispanos y lusohablantes en su vida privada y en sus relaciones sociales dentro del mismo estrato bajo, de la cual contamos con muy escasos registros y de la que sobre todo sabemos gracias a las diatribas de los letrados. (RAMA, 1985a, p. 4)

Essa imposição da língua do colonizador gera a diglossia nos países colonizados, que é a convivência tensa entre um estrato lingüístico considerado superior – o estrato de prestígio – e outros estratos baixos (FERGUSON,1959). Exemplo disso foi, no Brasil, a Língua Geral, que

---

[3] O conceito de cidade letrada encontra-se em RAMA, 1985a.

congregou várias línguas resistentes ao português de Portugal – incluindo uma variação dialetal dele – e foi proibida pelas autoridades da colônia em meados do século XVIII, quando então se declarou oficial a língua portuguesa.

O predomínio da língua de prestígio do colonizador produziu, na cidade letrada instalada nas cidades reais das metrópoles e das colônias, uma legião de escreventes e escrivães, advogados e burocratas, encarregados de garantir a adoção dos códigos de leis, editais, portarias e regulamentos, enfim, o conjunto de todos os documentos que instauram definitivamente, pela violência da institucionalização, o poder mediante o controle do privado pelo público – mas um público, que é o Estado, na verdade privatizado, sempre a serviço dos interesses do colonizador e da classe dirigente que lhe dava sustentação nas colônias – em suma, do capital.

Também esse processo de instrumentalização do Estado via cidade letrada e de imposição da língua do colonizador como a língua oficial, superior às demais em uso no país colonizado – fenômeno que ocorreu em larga escala nos países da América Latina, dada a dimensão de seus contingentes indígenas –, foi desigual, significando que alguns Estados Nacionais foram instrumentalizados mais rapidamente que outros. Esse embate lingüístico em diferentes momentos nos países latino-americanos tem como um de seus desdobramentos a questão da *língua literária nacional*, que se configura quando a literatura, ao mesmo tempo, aceita a imposição dos códigos do colonizador e se recusa a se submeter a eles, trabalha-os para formar uma expressão nova e também ambivalente – porque contraditória – para um conjunto de temas, procedimentos e imagens que irão constituir um novo modo de representação da tensão que preside o choque entre o código imposto e as modificações estruturais que ele recebe no país colonizado. Toda literatura nacional desenvolvida sob as condições históricas da colonização evidencia essas características, independentemente de o escritor adotar a perspectiva, consciente ou inconscientemente, dessa ou daquela classe social:

> Más precisamente [...] la literatura es inseparable de determinadas *prácticas lingüísticas* (si hay una "literatura francesa" es que hay una práctica lingüística del "francés", o mejor un conjunto contradictorio de prácticas del "francés" como lengua nacional); y es inseparable de las

> *prácticas escolares*, que no definen solamente los límites de su consumo, sino los límites internos de su producción misma. Relacionando la existencia objetiva de la literatura con este conjunto de prácticas, se definen los puntos de apoyo materiales que hacen de la literatura una realidad histórica y social. (Balibar; Macherey, 1975, p. 28)

Assim, se o processo de constituição de uma língua nacional resulta em e de uma prática social – que é lingüística – marcada indelevelmente pelas contradições internas dessa sociedade, é possível supor que a literatura, como prática social também resultante e parte desse processo, constitui-se como expressão dessas contradições.

> El lenguaje literario, expresión de contradicciones ideológicas, no sería así algo exterior, algo neutro y que actuaría como mero vehículo [...], estamos en condiciones de afirmar que el lenguaje en el que la obra expresa sus contradicciones constituye también parte de esas contradicciones. (Azpitarte, 1975, p. 14)

Nessa perspectiva, posso cogitar que uma língua literária nacional é aquela que se constitui pela e na contradição e é por ela determinada.

Nesse aspecto Graciliano Ramos se destaca na literatura brasileira, posto que sua obra concretiza o uso da norma culta da língua, passando ao largo das transgressões formais dos primeiros modernistas, mas acentua as contradições por representá-las literariamente na perspectiva da luta de classes – e mais: na perspectiva dos perdedores. Nessa literalização das contradições reside sua especificidade, aquilo que o diferencia de alguns que o antecederam – como José de Alencar, cuja perspectiva era a da construção da nacionalidade brasileira pelo apaziguamento dos conflitos e pelo reforço dos valores burgueses – e de outros que lhe foram contemporâneos, cujas obras privilegiaram a dimensão da cultura no entendimento das questões nacionais, demarcando suas diferenças em relação ao "romance social" de 1930.

Guardadas essas diferenças, todavia, são todos os escritores que constroem essa língua literária nacional, evidenciando modos específicos e diferentes de lidar com o campo minado das contradições que presidem a produção da literatura como prática social, profundamente arraigada no conjunto das práticas contraditórias da sociedade. Mas acredito que a peculiaridade de Graciliano Ramos reside no fato de que sua obra desloca o ângulo do problema, retirando-o da cultura para as classes sociais, como se nos dissesse, pela negatividade com que recusa soluções tradicionais para os nossos conflitos de classe, que as contradições do País não se resolverão, em termos de reconciliação das classes, pela via da reconciliação cultural. Isso porque a visão das contradições tão-somente pela perspectiva da cultura popular corre o risco de privilegiar os valores das oligarquias e, assim, reproduzir a ideologia, na medida em que se dispõe a resolvê-las literariamente pelo recurso ao mágico e/ou religioso. Rama (1987, p. 98-99) toca nessa questão:

> Al vigor y fijeza de estos componentes culturales tradicionales puede atribuirse la atención que los novelistas de la transculturación otorgaran a los arquetipos del poder de la sociedad regional, y la muchas veces subrepticia y no querida atracción por las permanencias aristocráticas. Hay una visión patricia que subyace a las invenciones de José Maria Arguedas, Gabriel García Márquez, Juan Rulfo, João Guimarães Rosa, la cual funciona sobre una oposición dilemática entre pasado y presente, donde los reclamos justos de la actualidad no logran empañar la admiración por los rezagos de una concepción aristocrática del mundo que está siendo objeto de idealización.

Em vista disso, considero que essa negatividade coloca Graciliano Ramos em polêmica direta com o ideário do Modernismo da primeira geração, principalmente no que diz respeito à questão da língua nacional. Essa questão é tratada no segundo capítulo, pois a considero mais um dos desdobramentos do problema do posicionamento de classe do escritor.

É nesse contexto do desenvolvimento desigual do capitalismo e da literatura nacional, bem como de todos os elementos que esse modo de produção mobiliza – os aparelhos ideológicos do Estado e sua ação sobre o sujeito por eles constituído –, que esta pesquisa procurará enfocar a literatura brasileira – e em particular a de Graciliano Ramos – como "síntese de tendências universalistas e particularistas" (CANDIDO, 1997, p. 23) que se manifestam na produção literária em nosso país.

Para isso é preciso considerar a importante noção da *literatura como sistema*, desenvolvida por Antonio Candido, para quem a literatura brasileira pode ser reconhecida como uma literatura nacional a partir do momento – que Candido localiza historicamente no arcadismo – em que se constitui, para além das características internas de um conjunto de obras literárias (língua, temas, imagens), sobre "certos elementos de natureza social e psíquica, embora literariamente organizados, que se manifestam historicamente e fazem da literatura aspecto orgânico da civilização" (p. 23). São esses elementos:

> a existência de um conjunto de produtores literários, mais ou menos conscientes do seu papel; um conjunto de receptores, formando os diferentes tipos de público, sem os quais a obra não vive; um mecanismo transmissor (de modo geral, uma linguagem, traduzida em estilos), que liga uns a outros. (p. 23)

Adotar esse conceito como premissa de um método para o estudo da literatura brasileira é explicitar uma perspectiva crítica histórica. Essa posição implica sustentar que há diferença entre *manifestações literárias e literatura propriamente dita* (p. 23, grifos do autor), uma vez que às primeiras – no caso do Brasil, aquelas anteriores ao arcadismo – falta exatamente a organicidade que permita reconhecer nelas um conjunto caracterizado por uma ou mais notas dominantes e pela circulação social dos textos entre produtores e receptores.

Essa noção é importantíssima para que possamos situar historicamente o momento em que as obras desse sistema se articulam organicamente, configurando então uma *tradição*:

> a transmissão de algo entre os homens, e o conjunto de elementos transmitidos, formando padrões que se impõem ao pensamento ou ao comportamento, e aos quais somos obrigados a nos referir, para aceitar ou rejeitar. Sem esta tradição não há literatura, como fenômeno de civilização. (p. 24)

Por isso o estudo de Candido busca estabelecer o que ele denomina "momentos decisivos" desse processo de formação de um sistema, pois são eles os momentos decisivos de formação da própria literatura brasileira. Considero necessário ter clareza da posição ocupada pelas obras de Graciliano Ramos nesse sistema.

Alia-se a essa noção a abordagem, proposta pelo mesmo crítico, segundo os vários *níveis de compreensão da obra literária*:

> Quando nos colocamos ante uma obra, ou uma sucessão de obras, temos vários níveis de compreensão, segundo o ângulo em que nos situamos. Em primeiro lugar, os fatores externos, que a vinculam ao tempo e se podem resumir na designação de sociais; em segundo lugar o fator individual, isto é, o autor, o homem que a intentou e realizou, e está presente no resultado; finalmente, este resultado, o texto, contendo os elementos anteriores e outros, específicos, que os transcendem e não se deixam reduzir a eles. (CANDIDO, 1997, p. 33)

Considerar os fatores externos à obra literária como uma das ordens de realidade que a presidem é privilegiar a *integralidade estética* da obra, tomando o que a crítica autodenominada imanente considera extratextual – e geralmente despreza – como um dos elementos estruturantes do texto literário, que o vincula sistemicamente à história da literatura na qual se insere. Atribuir igual relevância aos fatores externos (sociais), ao autor (individual) e ao texto (expressão/representação da relação do autor com a sociedade) é garantir que a análise literária se encaminhe para a percepção da totalidade das relações que determinam a existência e a co-existência desses elementos.

Além disso, a observação dessas "três ordens da realidade" permite-nos estabelecer em que medida a literatura brasileira foi importante instrumento para a fixação de um projeto de nação, cujos parâmetros começaram a se esboçar na tendência árcade ao localismo, como marca da primeira tensão a exprimir-se literariamente, na relação dialética entre o universal (a tradição européia) e o local (a sociedade em formação no Brasil). Essa relação é particularmente importante na análise da obra ficcional de Graciliano Ramos, pois nos permitirá obter visão mais clara do seu papel no sistema literário brasileiro e na tradição que a partir dele se configurou.

Vale lembrar que uma parte da crítica brasileira tem apontado na obra de Graciliano uma "forma estrutural" precisa, na qual o "inconformismo" e a "inquietação" fazem surgir o "'herói problemático', que não mais aceita passivamente a estagnação e o marasmo da sociedade anterior, do 'mundo convencional e vazio'" (COUTINHO, 1967, p. 145. Aspas do autor). Essa análise, de orientação lukacsiana, é devidamente considerada neste livro, dado seu caráter precursor ao apontar "a originalidade estrutural de

Graciliano – a saber, que uma mesma personagem seja simultaneamente elemento do 'mundo convencional' e 'herói problemático'" – como decorrência do "duplo caráter de nossa burguesia e de nosso capitalismo nascente": a coexistência do progresso com o "velho e caduco", sintoma de uma "crise estrutural" (p. 156).

A análise de *Vidas secas* e de seu diálogo com a crítica literária brasileira busca confirmar o ponto de partida deste livro, de que a manifestação literária da matéria local não se dá de maneira pacífica. A arte literária, que, por causa da ausência do conjunto das contradições determinantes da literatura européia, teve no Brasil seu lado institucional fortalecido em detrimento de seu tensionamento ideológico, recupera sua força vital quando o escritor se vê às voltas com o referente local indócil, insubmisso às formas da tradição – aqueles conteúdos da realidade social que foram suprimidos da literatura pela violência do processo civilizatório (cultura oral, escravidão, genocídio de povos indígenas, relações pré-capitalistas de produção, que levam ao trabalho escravo e à má distribuição da renda nacional). A tentativa de neutralização desses conteúdos pelo escritor não logra impedir sua manifestação pelas fissuras do texto literário, assim como sua existência teima em se manifestar incomodamente na vida social, nas fraturas visíveis do projeto modernizador: a desigualdade social, a não-universalização dos direitos elementares dos homens, o aumento da pobreza em progressão geométrica.

Por isso é que na literatura o projeto de nação da elite, à qual pertence o escritor, começa a abrigar também os interesses dos dominados, dialeticamente, pela violência. É nesse momento que a literatura recupera sua vitalidade como espaço da contradição, como *locus* de manifestação das tensões sociais. Ao perceber que a "brasilidade" preconizada pelo projeto de nação das elites não contempla o enorme excedente de exclusão e genocídios que marcam a história do País, resta à literatura tentar a recuperação dessa brasilidade na borda do processo social, nas franjas da sociedade, em que se abrigam as vozes que foram caladas e a matéria local continuamente recalcada, ou seja, onde se manifestam com mais intensidade as contradições.

Da aquisição dessa consciência surge, da parte do escritor, o questionamento de sua condição de classe: *O que significa escrever literatura em um país com essa configuração política?* A serviço de que interesses a arte literária se coloca? Essas perguntas têm de ser respondidas com base na natureza contraditória da literatura, porque contraditória é a posição do escritor, seja ele de que classe social for, e é graças a isso que se mantêm vivas a literatura e sua relação com a sociedade. A análise da obra de Graciliano Ramos aqui desenvolvida busca identificar a força da contradição, porque é por ela que a literatura pode radicalizar as tensões.

Por mais que Graciliano pareça imprimir em sua ficção as marcas de adesão a uma tradição romanesca neo-realista que se consolidou no Brasil na década de 1930 ou por mais que se lhe atribuam semelhanças com Dostoievski ou Zola, o que emerge de fato em suas obras é a força dessa matéria local. É a *literatura de dois gumes* de que fala Antônio Cândido, uma prática discursiva ambivalente: é um instrumento do colonizador que, entretanto, não consegue impedir abertura de espaço para a manifestação dos interesses dos dominados (CANDIDO, 2000a, p. 163-180). Essa é, talvez, a primeira grande contradição com que a arte literária tem de lidar: o fato de, ao mesmo tempo, ser comprometida com o processo de modernização do País e constituir-se como espaço de luta e resistência dos excluídos desse processo.

Mas é a ambivalência que faz da literatura um espaço de tensão emancipadora. Ao se constituir dialeticamente como instrumento e crítica do processo modernizador brasileiro – em estreita relação com os nacionalismos construídos a partir do ideário iluminista, mas nunca genuinamente transplantados nos países colonizados pelas nações européias –, a arte literária vivencia o conflito permanente de fazer parte da modernização do país e também de preservar a cultura local que a modernização intenta destruir. E o escritor periférico lida com os dois lados dessa moeda de troca que é a literatura no processo civilizatório de seu país: submete-se aos limites dos códigos lingüísticos e estéticos fixados pela tradição do colonizador, ao mesmo tempo em que lida com o resíduo da cultura aniquilada pela civilização, que teima em se manifestar na obra literária.

A força emancipadora da literatura que o escritor produz – seja ele de que classe social for – está justamente em que essa arte não reproduz a ideologia – mesmo quando o escritor tenta fazê-lo – e, dessa forma, a evidencia. Nessa perspectiva, a noção da literatura como "reflexo" será discutida na análise de *Vidas secas*, visando recuperar a concepção marxiana da literatura como uma das práticas sociais concretas, "como una forma ideológica entre otras, correspondiendo a una base de relaciones sociales de producción históricamente determinadas y transformadas, e históricamente ligada a otras formas ideológicas" (BALIBAR; MACHEREY, 1975, p. 26). Estarei, assim, lidando com a obra literária como resultado de um *"proyecto ideológico del autor y que expresa una posición de clase determinada"*, mas levando em conta que

> no es tanto *la expresión* de una ideología (su 'puesta en palabras'), como *su puesta en escena*, su exhibición, operación en que la misma ideología se resuelve de alguna manera contra si misma, puesto que no puede ser exhibida de tal manera sin mostrar sus *limites*, hasta el punto preciso en que se muestra incapaz de asimilar realmente la ideología adversa. (p. 35)

Como se vê, uma grande questão preside minha leitura de Graciliano Ramos: o posicionamento de classe do escritor, que busco analisar na estrutura formal de suas obras. Tal é o dilaceramento do escritor ao lidar com as questões implicadas nesse posicionamento – tanto a ética quanto a estética propriamente dita –, e elas de tal forma intensificam o autoquestionamento da literatura, que é o drama individual do escritor mesmo, como personagem, que se representa na ficção, por meio das personagens ou pela mediação do narrador, adquirindo tanto relevo quanto o drama narrado da classe popular.

Dizer isso implica reconhecer que não é a tragédia da vida de qualquer das suas personagens que se apodera do primeiro plano de suas narrativas, e sim a tragédia da consciência dilacerada do atraso – a consciência do escritor enquanto sujeito de classe – que preside a produção literária de Graciliano Ramos.

Nessa perspectiva, sua obra deve ser lida também como o aprisionamento das personagens em um esquema narrativo circular, como tenciono comprovar na análise de *Vidas secas*. Vejo nisso um procedimento do autor que explicita sua recusa em apresentar uma resolução tradicional para a contradição social. Essa recusa leva a uma interpretação da obra pelo não dito, que desmascara o caráter ideológico da literatura, procurando o espaço para identificar o "inconsciente político" de que fala Jameson (1992, p. 36):

a análise das mediações tem por objetivo demonstrar o que não é evidente na aparência das coisas, mas que se encontra em sua realidade subjacente, ou seja, que *a mesma* essência está em operação nas linguagens específicas da cultura e na organização das relações de produção.

A mediação como problema

Para se entender a literatura como resultado de um processo de mediação das relações sociais, é preciso aceitar a premissa de que as diferentes formas de arte são inegavelmente produções sociais, resultantes de diferentes práticas sociais. Tomada nesse sentido, como uma das produções simbólicas de determinada sociedade, a obra literária adquire uma autonomia que a livra do destino de apenas "refletir" um contexto, ou seja, de reproduzir pelo espelhamento – ainda que invertido – sua estrutura ideológica, mas passa a se constituir, para além dessa repetição, como uma possibilidade de crítica e de negação desse contexto. Por isso a literatura é tomada neste estudo como mais do que um *objeto* de estudo, mais do que uma mera manifestação artística isolada da vida social, é tomada como um problema, dado seu caráter de prática social:

> Se a cultura é produção e reprodução de valores, é preciso rever muita coisa. Para começar, o materialismo cultural não considera os produtos da cultura "objetos", e sim práticas sociais: o objetivo da análise materialista é desvendar as condições dessa prática e não meramente elucidar os componentes de uma obra. (CEVASCO, 2003, p. 148)

Nos últimos anos, com o surgimento dos estudos culturais – seguidos, em seu processo de institucionalização como disciplina, do esvaziamento de suas propostas políticas iniciais pela escola francesa e de sua estandardização nas universidades estadunidenses –, o termo "mediação" passou a aparecer mais freqüentemente nos estudos literários, mas numa perspectiva despolitizada, que desloca o centro da questão do campo da luta de classes para o campo da cultura. Esse deslocamento induz à abordagem da produção cultural descolada da vida social, ao mesmo tempo em que concentra a primazia do processo de mediação sobre alguns grupos sociais – considerados minorias – tomados como blocos homogêneos e autônomos, desvinculados de uma classe.

Por isso, para esclarecer o significado do termo "mediação" conforme utilizado nesta pesquisa, é necessário despi-lo da função reificadora que veio adquirindo desde as últimas décadas do século XX: "A mediação é o termo dialético clássico para o estabelecimento de relações entre, digamos, a análise formal de uma obra e seu chão social, ou entre a dinâmica interna do Estado político e sua base econômica" (JAMESON, 1992, p. 35). Assim, a análise do processo de mediação na literatura preserva e evidencia seu caráter de prática social simbólica, na medida em que

> [...] a vida social é, em sua realidade fundamental, una e indivisível, uma rede inconsútil, um processo único, inconcebível e transindividual, em que não há necessidade de se inventarem modos de conectar os fatos da linguagem e as convulsões sociais ou as contradições econômicas porque, nesse nível, eles nunca estiveram desligados uns dos outros. (p. 36)

Também a noção de arte como *produção coletiva* deve ser considerada no estudo das mediações por que passa a obra literária. É necessário lembrar que os artistas são sujeitos socialmente constituídos, que tiveram acesso a outros bens culturais de sua sociedade e que dela receberam a alfabetização, a educação, a formação e o conhecimento da tradição e das convenções artísticas. Os escritores, além de escreverem seus textos, necessitam da intermediação de agentes, editores, gráficos, além de suas obras estarem expostas às injunções do mercado de livros e da crítica literária. "A simples hipótese de ser uma idéia artística anotada (sob qualquer forma) por um indivíduo inspirado e em seguida posta à disposição da aceitação e do consumo de um público/leitor que a espera começa a passar ao reino do mito" (WOLFF, 1982, p. 46).

Esse caráter coletivo que preside a produção da arte torna-se mais evidente se analisarmos separadamente as áreas em que os tipos de mediação se constituem – a da tecnologia, a das instituições sociais e a dos fatores econômicos, conforme propõe Janet Wolff.

Como prática social de um mundo cujo eixo estruturante é a moderna divisão do trabalho, a arte literária não escapa às determinações dessas áreas, que abrigam as atividades de controle da própria produção social. O desenvolvimento da *tecnologia*, por exemplo: passando pela criação da imprensa, pela revolução dos meios de comunicação e chegando até o meio eletrônico de veiculação de textos –, certamente teve grande impacto sobre as produções culturais, assim como o teve sobre a vida social.

Portanto, trata-se a literatura de uma produção coletiva que recebe as determinações (e também a determina) da evolução tecnológica dos seus meios de veiculação, embora na origem o desenvolvimento dessa tecnologia visasse suprir necessidades bem mais prosaicas e utilitaristas de disseminação, pela escrita, de um saber que interessa aos diferentes setores da vida social, para atender às necessidades administrativas, educacionais e de informação.

Toda essa evolução, segundo Wolff,

> afeta a natureza e a difusão das idéias. Na medida em que a ciência, em geral, foi afetada pela acessibilidade dos métodos de impressão, o trabalho de todos os cientistas foi também afetado: estes passaram a ter acesso a uma grande variedade de conhecimentos coletivos e também a ter responsabilidades para com um corpo de pares, recém-criado e talvez internacional. Novas regras e métodos de argumentação e demonstração tinham de seguir-se a isto. [...] Tudo isso aplica-se igualmente aos escritores, *com o fato adicional de que novos públicos foram criados pela multiplicação de textos.* (1982, p. 49. Grifos meus)

Instâncias da mediação

O *público* é, pois, outra forma das muitas que o processo de mediação adquire. De fato, notadamente na sociedade burguesa, o tipo de público que se constitui para a arte é fator fortemente determinante das inovações e mudanças nos modos de elaboração artística. Ora, esse público possui uma visão de mundo que direciona suas exigências enquanto consumidor da literatura:

> Escrever para novos públicos significou, inevitavelmente, o aparecimento de novos tipos de literatura: Ian Watt, por exemplo, sustenta que a ascensão do romance do século XVIII, com o seu interesse característico pela experiência privada, pelo amor e pelo individualismo, relaciona-se de perto com o crescimento da nova classe burguesa, particularmente o novo grupo ocioso das donas-de-casa dessa classe, com tempo para a leitura. *Os públicos potenciais produziram tipos específicos de literatura.* (WOLFF, 1982, p. 50. Grifos meus)

Se o público determina a obra literária, pela explicitação das exigências de um gosto predominante nesse mercado consumidor de arte, também a literatura, ao responder a essas exigências, devolve ao público uma visão de mundo que, embora se conforme ao exigido da obra, simultaneamente a reproduz e questiona. Como ser participante dessa sociedade, o escritor assimila e compartilha cotidianamente essa visão de mundo, os processos sociais que constituem sua sociedade, os conflitos dentro de sua classe social e desta com outras classes, enfim, a dinâmica da sociedade na qual está inserido, para a qual e pela qual produz sua obra literária. Como mediador de toda essa matéria, seu modo específico de captá-la e de representar as contradições da vida social é ao mesmo tempo reprodutor dessa visão de mundo e modificador dela.

Também as *instituições sociais* têm papel determinante na produção artística: "Na produção da arte, as instituições sociais afetam, entre outras coisas, *quem* se torna artista, *como* se torna artista, como é capaz de praticar sua arte, e como pode fazer com que a obra seja reproduzida, executada e *colocada ao alcance* do público" (p. 52. Grifos da autora). Na sociedade burguesa, essas determinações têm origem, dentro do próprio modo de produção, na relação específica público/mercado, âmbito em que esses elementos produzem a si e ao outro e garantem a reprodução dos modos de elaboração artística.

Primeiramente, a institucionalização da atividade artística – como, de resto, acontece com todas as atividades da vida social – estabelece os critérios de julgamento e de avaliação das obras de arte e das tendências/escolas estéticas, objetivando consolidar uma historiografia hierarquizada da arte valorada de forma aparentemente desinteressada. Entretanto esse é um processo que, ao contrário do que possa parecer, serve aos interesses da ideologia dominante: trata-se de um processo socialmente condicionado, que resulta em uma construção social útil à preservação de interesses de classe.

Wolff classifica os tipos de condicionamento da arte pelas instituições sociais de acordo com as diferentes áreas de influência das instituições: "(i) recrutamento e treinamento dos artistas; (ii) sistema de patrocínio, ou seu equivalente; (iii) mediadores, ou 'abridores de portas'; embora nem sempre as coisas sejam assim tão nitidamente delineadas" (1982, p. 52).

Nessa perspectiva e de acordo com essa classificação, o *recrutamento dos artistas* pela sociedade não é aleatório, mas determinado pelas condições de classe: apenas tem a oportunidade de se tornar artista o indivíduo que teve acesso aos processos de formação intelectual que não estão disponíveis igualmente para todas as camadas da população. Isso, não se pode negar, é condizente – e conveniente – com as práticas da sociedade burguesa:

> Em todos os períodos, a maneira pela qual os artistas e escritores escolhem suas carreiras e, portanto, os valores e atitudes particulares que levam consigo, de suas famílias e de sua classe, afetam o tipo de trabalho que realizam como artistas. E se o treinamento especializado também tem um papel, os processos das instituições de treinamento provavelmente também contribuem para "formar" o artista e influenciar a direção de seu desenvolvimento. É claro que essas coisas se aplicam de maneiras diferentes a diferentes formas de arte e em diferentes períodos. (p. 53)

Essa constatação da conveniência social na formação dos escritores, explica, por exemplo, a dificuldade que as mulheres escritoras encontraram para serem aceitas nas academias literárias, tendo muitas vezes recorrido a pseudônimos masculinos; explica os inúmeros casos de descrédito a que foram submetidos livros escritos por homens negros e pobres; explica a dificuldade de aceitação pela crítica literária da tematização de questões ligadas à homossexualidade e da visão não pitoresca dos pobres, dos índios, dos escravos.

E mais: é preciso pensar no significado do retorno de técnicas estilísticas superadas por este ou aquele movimento de ruptura consciente com uma tradição carcomida e ultrapassada – como foi o modernismo brasileiro. Esse retorno, mais do que caracterizar os diversos "neos" registrados pela historiografia da literatura brasileira – "neoparnasianismo", "neo-simbolismo", etc. –, indica momentos em que a relação entre a forma literária e o processo social se radicaliza, apontando para a ideologia dominante a necessidade de frear o processo da ruptura antes que ele se torne irreversível. E o que surge dessa radicalização é não uma forma revolucionária, mas uma retomada reacionária da tradição, como ocorreu – para continuar no mesmo exemplo – quando do surgimento da "geração de 45".

A segunda face do condicionamento da arte pelas instituições sociais é a dos *sistemas de patrocínio*. Dos patronos e mecenas da Antigüidade e da Idade Média, cuja interferência nas obras dos artistas evidenciava sentimento de propriedade, chega-se aos modernos sistemas em que o patrocinador aparentemente reduziu o grau de ingerência no trabalho artístico e foi sendo gradativamente substituído pelo *marchand*, no caso das artes plásticas, e pelo editor/livreiro, no caso da literatura, que se encarregam de gerenciar as relações entre os artistas/escritores e o mercado. Em contrapartida, houve a precarização da sobrevivência de uns, por um lado, e, por outro, consagrou-se a prática da produção sob encomenda dos divulgadores das obras de arte, sempre sensíveis às demandas do mercado. Nessa situação, pode-se cogitar sobre o quanto a literatura é comprometida, porque

> os órgãos financiadores [da atividade artística na sociedade moderna] não são mais neutros do que qualquer organização social e o êxito de alguns artistas em conseguir esse patrocínio, e o fracasso de outros, provavelmente estará relacionado com o tipo de trabalho que fazem. [...] Isto é, ainda acontece, em nossos dias, que a arte que consegue êxito em alcançar o público através da "compra" chega a isso através de várias estruturas e processos sociais, e não simplesmente por ser, de alguma forma, apenas "boa" arte. (WOLFF, 1982, p. 56.)

Por fim, o terceiro fator do processo de mediação pelas instituições sociais, os *mediadores,* ou *"abridores de portas"* do mercado: editores, críticos, donos de galerias e livrarias, curadores de mostras e exposições, conservadores de museus, diretores de revistas, entidades que conferem prêmios e honrarias a artistas. Trata-se de agenciadores da arte, em menor ou maior escala, cuja atuação muitas vezes constitui formas de interferência indireta sobre o processo de elaboração artística. Não se deve supervalorizar o papel desse grupo, mas também não se deve considerá-lo neutro: Wolff (1982, p. 56) lembra que no século XIX os escritores "levaram em conta as demandas dos poderosos mediadores da época ao escreverem seus romances", adaptando sua escritura às formas de fácil comercialização, como os folhetins publicados em capítulos pelos jornais e a divisão dos romances em três volumes para compor o acervo das bibliotecas móveis. Da mesma forma, hoje não é difícil identificar escritores que produzem suas obras com um olho no teclado do computador e o outro na demanda crescente de textos facilmente adaptáveis a outras linguagens, como a da televisão.

É evidente que levar em conta esses três fatores determinantes, juntamente com outros, do processo de mediação não implica dar primazia aos elementos externos à obra literária; tampouco implica supervalorizar as relações imediatas de produção que envolvem a obra literária em detrimento da análise de sua estrutura. Trata-se aqui de simplesmente não ignorar por completo fatores relacionados com questões financeiras e de propriedade no processo de produção da literatura, na medida em que eles interferem no processo de criação, tornando-se também elemento estruturante da obra. Além disso, o conhecimento desses fatores tem a função suplementar de fornecer ao investigador o "conhecimento dos grupos, das pressões, das hierarquias e das relações de poder dentro das organizações que participam dos processos gerais de produção da cultura" (p. 44).

Pensando no Brasil da década de 1930, é interessante examinar em que estágio se encontravam esses elementos mediadores da relação entre arte e sociedade. A "indústria do livro" era ainda incipiente, embora houvesse um parque gráfico já significativo – voltado prioritariamente, porém, para a impressão de jornais, revistas e material de propaganda governamental. A rede de agenciadores que normalmente viabilizaria a produção e a comercialização de um livro não se configurava como setor especializado. Portanto, eram os próprios integrantes do grupo de intelectuais brasileiros que se encarregavam de "abrir as portas" de editoras uns para os outros, formando assim uma rede de troca de favores e indicações.

Não há como negar que os intelectuais e escritores "recrutados" pela sociedade tiveram origem nas classes mais abastadas, com oportunidades de acesso a educação, instrução e informação, como aliás desde o início do sistema literário brasileiro – exceções raras foram os casos de Machado de Assis e Lima Barreto, por exemplo. De modo que constituíam um grupo privilegiado na sociedade da época, em que a taxa de analfabetismo era de cerca de 56%, numa população em torno de 40 milhões, dos quais 31% se concentravam em áreas urbanas do litoral. Como o patrocínio da produção literária praticamente inexistia, não se cogitava a profissionalização do escritor, e este desenvolvia a atividade literária como atividade paralela. Isso porque tinha de trabalhar para sustentar a família, muitas vezes em emprego público, como foi o caso de muitos dos intelectuais e escritores do período varguista.

A "mão invisível do mercado" – expressão de Adam Smith, "pai do liberalismo econômico", reafirmada sempre que a sociedade burguesa necessita diminuir o poder regulador do Estado sobre o fluxo de mercadorias e serviços – faz-se cada vez mais sensível, especificamente no campo dos *fatores econômicos* que determinam diretamente a produção da arte que é apresentada e recebida pelo público. O lucro projetado que algumas edições sucessivas de um livro podem proporcionar aos agentes sociais envolvidos em sua produção é um fator que pode interferir diretamente na fatura da obra literária. Se um título freqüentar a "lista dos mais vendidos" por algumas semanas, num processo recíproco de indução do leitor à compra do livro e de indução da composição da lista pelas compras do leitor, isso sem dúvida favorecerá o aumento das vendas. E servirá de subsídio quanto ao gosto e às preferências do público leitor para a fatura da próxima obra pelo escritor. Sob esse esquema, a literatura não escapa à condição de mercadoria.

Já na década de 1930 o narrador do romance *Angústia* de Graciliano Ramos questionava esse caráter de mercadoria da obra literária:

> Certos lugares que me davam prazer tornaram-se odiosos. Passo adiante de uma livraria, olho com desgosto as vitrinas, tenho a impressão de que se acham ali pessoas exibindo títulos e preços nos rostos, vendendo-se. É uma espécie de prostituição. Um sujeito chega, atenta, encolhendo os ombros ou estirando o beiço, naqueles desconhecidos que se amontoam por detrás do vidro. Outro larga uma opinião à toa. Basbaques escutam, saem. E os autores, resignados, mostram as letras e os algarismos, oferecendo-se como as mulheres da Rua da Lama.[4]

O questionamento de Luís da Silva sem dúvida problematiza a relação da obra com o mercado, ao mesmo tempo em que representa e questiona o problema da reificação da literatura e, por extensão, o indivíduo reificado ("as mulheres da Rua da Lama", "os autores resignados", a crítica, que "larga uma opinião à toa", e os próprios leitores, "basbaques escutam").

---

[4] RAMOS, 1975, p, 7. Sempre que houver citação dessa obra, a referência será fornecida entre parênteses pelas letras *Ag*, seguidas do número da página da qual foi extraída.

A analogia entre os autores que "mostram as letras" – expõem sem pudor o produto de seu trabalho – e as prostitutas – cujo valor de troca é gerado pelo próprio corpo – dá nova dimensão à abrangência desse processo de reificação.

De fato, não são poucos os exemplos de produções artísticas que, com a expansão da indústria cultural, moldaram-se às exigências do mercado para a forma mercadoria. Filmes, peças teatrais e até óperas são condicionados pela projeção das bilheterias; prêmios são instituídos para as gravações musicais que superam recordes de vendas; megaeventos como as bienais, cujo principal chamariz é a presença de escritores, são realizados como investimento cujo retorno será o aumento das vendas de livros:

> No século XX, onde as artes já não contam com a posição claramente institucionalizada de que desfrutavam nos períodos feudal e clássico, talvez seja ainda mais necessário compreender a dependência da cultura dos fatores econômicos e a extrema sensitividade e vulnerabilidade das artes e da cultura nos azares da economia. [...] (... o econômico não é independente do social-institucional ou do tecnológico, e certamente a maneira pela qual as crises econômicas, digamos, ecoarão nas artes será mediada pela estrutura de classe da sociedade e em particular pela organização contemporânea da cultura, tanto política como socialmente). (Wolff, 1982, p. 58)

A estrutura de classes da sociedade tem papel decisivo para o escritor mediador, na medida em que determina o processo de organização da cultura como conjunto de bens intangíveis socialmente produzidos, sob a diretriz política da ideologia dominante que seleciona os que terão acesso a esses bens. Penso na paradoxal situação do romance social de 1930, que traz para a literatura as personagens das classes populares, ao mesmo tempo em que a estrutura de classes que produz essas narrativas exclui a maioria analfabeta do seu usufruto enquanto bens culturais. Entretanto, a década de 1930 foi também o período em que se desenvolveu na produção cultural brasileira o desejo de desvendar

> cada vez mais as contradições entre as formulações idealistas da cultura e a terrível realidade da sua fruição ultra-restrita. Por extensão, houve maior consciência a respeito das contradições da própria sociedade, podendo-se dizer que sob este aspecto os anos 30 abrem a fase moderna nas concepções de cultura no Brasil. (Candido, 2000a, p. 195)

Todas essas considerações apontam para uma problematização cada vez mais acentuada da relação da arte – e da literatura – com o mercado e com as práticas sociais da sociedade burguesa. Entendo que essa relação se desenvolve sob o signo da reificação, a partir do momento em que se generalizou a concepção da arte como setor específico da vida, descolado das demais esferas. E a literatura capta esse processo, na medida em que interioriza essa problematização e a manifesta pela reflexão sobre as condições de produção que determinam sua existência e pela reflexão sobre seu próprio papel no conjunto da vida social. A análise dos processos de reificação e de como Graciliano Ramos lida com essa questão em *Vidas secas* será empreendida no terceiro capítulo.

Tipos de mediação

Se no início do tópico 1 propus o reconhecimento da literatura como produção social, atitude inicial para que se possa discutir a obra literária como mediadora das relações que constituem a vida em sociedade, é evidente que neste trabalho adoto como princípio que a literatura é ideológica, assim como são ideológicas a crítica da arte e a crítica literária. Essa perspectiva rejeita a idéia da literatura como uma manifestação artística fechada em si mesma, pairando acima das determinações históricas da vida social, como se a ela não se vinculasse. Da mesma forma também é questionável a historiografia da literatura, que a apresenta como uma sucessão de estilos de época intrínsecos a essa arte, negando-lhe historicidade e permitindo no máximo estabelecer uma relação reflexa com o contexto em que a obra é produzida.

Entretanto essas idéias aqui rejeitadas persistem na abordagem da literatura nas escolas, evidenciando a reprodução de uma ideologia dominante nos diversos níveis de ensino. A questão é que a literatura, por ser em si mesma contraditória – por sua constituição como instrumento civilizador produzido pela classe dominante que, entretanto, abre espaço para a manifestação das vozes reprimidas no processo social de dominação –, tanto se submete ao uso que dela faz a educação como meio de inculcação ideológica quanto subverte o objetivo padronizador desse uso na instituição escolar:

> Os valores que a sociedade preconiza, ou os que considera prejudiciais, estão presentes nas diversas manifestações da ficção, da poesia e da ação dramática. A literatura confirma e nega, propõe e denuncia, apóia e combate, fornecendo a possibilidade de vivermos dialeticamente os problemas. Por isso é indispensável tanto a literatura sancionada quanto a literatura proscrita; a que os poderes sugerem e a que nasce do movimento de negação do estado de coisas predominante. (CANDIDO, 2004d, p. 175)

A vida social, de que a literatura é parte, desenvolve-se por meio de relações de dominação que, para serem questionadas, necessitam que se reconheça que

> o pensamento e a consciência se originam da atividade material, e da capacidade humana de refletir sobre tal atividade. Nesse sentido, a atividade material e econômica (obtenção de alimentos, construção de casas) é primária, porque baseada em necessidades humanas fundamentais, e a comunicação sobre essas atividades e seu planejamento é secundária. Nesse exemplo simples [...] a consciência surge na atividade material. (WOLFF, 1982, p. 63)

No âmbito desse processo acentua-se a separação entre as atividades manuais e as atividades intelectuais – linha que perpassa ainda hoje a concepção de educação, por exemplo, evidenciando também a concepção dominante da sociedade dividida em classes, às quais se atribuem funções diferenciadas. Logo se dissemina a idéia de que há uma classe dirigente, cuja função é pensar os rumos da vida social, ao lado de uma classe à qual cabe executar o planejamento estabelecido pela primeira. Essa divisão determina inclusive o grau de intervenção do Estado na vida social: nos países em que as classes populares se organizaram, preservou-se por mais tempo o Estado assistencialista, embora apropriado pela classe dirigente.

Já nos países em que a dominação foi mais violenta – os países colonizados, em geral –, acomodações diferenciadas dessa tensão foram efetivadas, mas na maioria deles tem-se a forte marca da divisão das classes, por exemplo, pela oferta de educação diferenciada e precária para trabalhadores e filhos de trabalhadores, cujo horizonte restrito são as necessidades imediatas do mercado. E toda a laboriosa construção de um senso comum para naturalizar esse processo de dominação, tornando-o inquestionável dentro da própria sociedade, alcança tanto mais êxito quanto mais a classe dominante estende seu poder também sobre os meios de produção mental, garantindo assim a reprodução da ideologia dominante.

Isso, entretanto, não significa que a vida social seja ideologicamente padronizada por completo e que as lutas sociais se dêem apenas entre duas classes – dominante e dominada. Uma classe social assim formada traz em seu interior divergências e disputas, impedindo – ou pelo menos questionando – a abrangência total da ideologia dominante. Assim, temos outras ideologias que coexistem na vida social, em tensão com a ideologia dominante, que são as "ideologias alternativas". "Estas podem ser *residuais* (formadas no passado, mas ainda ativas no processo cultural), também podem ser *opositoras* (as que questionam a ideologia dominante) ou *alternativas* (coexistirem com ela)" (p. 65. Grifos da autora).

No interior de uma classe social, que é a base material de uma ideologia, podem ser identificados ainda grupos sociais que geram ideologias próprias, em tensão com a ideologia dominante. É o caso dos grupos que distinguem uma geração em conflito com outra e os de indivíduos classificados ou oprimidos por causa de sua condição sexual ou étnica. Identificá-los e analisar seu papel na vida social é útil para a análise dos processos de mediação por que passa a obra literária, porquanto sua existência como grupo não os retira do campo ideológico de sua classe. Nessa perspectiva, trata-se aqui de reajustar o foco, que continua sobre os grupos sociais oprimidos, mas sem neutralizar sua condição de partes de uma classe:

> [...] todos nosotros estamos situados ideológicamente, encadenados a una posición de sujeto ideológica, determinados por la clase y por la historia de la clase, aun cuando intentemos resistirnos o escapar a ella. Para quienes no estén familiarizados con este perspectivismo ideológico o con la teoría del punto de vista de clase, quizá sea preciso agregar que vale para todo el mundo, de derechas o de izquierdas, progresista o reaccionario, obrero o jefe, y para las infraclases, los marginados, las víctimas de la discriminación étnica o de género tanto o más que para los grupos étnicos, raciales y de género dominantes. (JAMESON, 2004a, p. 47)

Portanto, a análise da obra literária pela perspectiva materialista, para não cair em um esquema simplificador, deve considerar esses tipos de discurso e prática ideológica que colocam em questão a ideologia dominante, principalmente quando se trata de identificar o *locus* de enunciação do narrador. Isso porque "o produtor cultural tem sua própria localização na estrutura social, que gera potencialmente sua própria forma ideológica [...]" (WOLFF, 1982, p. 67). Basta que nos lembremos do conjunto de relações que pautaram a fixação e o papel da forma romance na sociedade burguesa, mas lembrando também que, na análise literária, a função ideológica do texto não pode ser identificada de maneira uniforme e que sua relação com o conflito entre as classes sociais nem sempre é imediatamente identificável.

Neste ponto, acho importante lembrar as diferentes modulações de pontos de vista das personagens narradoras de Graciliano Ramos, que, apesar de emanarem do interior de uma classe social, são, no entanto, sutilmente deslocadas para representar nuances diferentes da visão de mundo da sociedade burguesa. Trata-se de três narradores, todos às voltas com as reflexões sobre a produção literária. Diferenciam-se entre si não pela perspectiva da sua classe social, que em primeira instância é a mesma, mas pelo ponto de vista, que, de dentro da classe a que pertencem, tem uma localização histórica específica, resultante da articulação bem-sucedida entre o individual, o coletivo e o discurso literário que os concretiza numa forma.

Destaco nesse conjunto João Valério, narrador de *Caetés*, o interiorano empregado de uma empresa de comércio, que vive um caso amoroso com a mulher do patrão, Luísa. O adultério é descoberto pelo marido, que se mata; João Valério perde o interesse pela viúva, com a qual não se casa, mas termina a história como sócio da empresa, galgando alguns degraus na escala social e pronto para dar continuidade ao seu projeto de viver como proprietário.

A narrativa acompanha o cotidiano da pequena cidade do interior de Alagoas, à moda do registro formal da crônica. O *locus* de enunciação é o do pequeno-burguês que alcança o desejado patamar superior na escala social: sua trajetória representa a trajetória histórica de sua própria classe. Por isso em *Caetés* não há hierarquização das personagens, colocadas no mesmo grau de (des)importância, como para mostrar que são todas iguais nos modos e na uniforme visão de mundo pequeno-burguesa, evidenciada pelos diálogos que se misturam à descrição dos numerosos eventos sociais. A reflexão final desse narrador evidencia sua convicção íntima de que sob o verniz da civilização perdura o primitivo, o instintivo, o bárbaro – o caeté –, sem se dar conta, porém, de que a imagem que constrói do selvagem e que lhe causa repulsa *reproduz a visão que os colonizadores tinham do índio*. Além disso, a narrativa não coloca no horizonte de João Valério a possibilidade de que sua consciência se modifique após reconhecer em si essa condição:

> Que semelhança não haverá entre mim e eles! Por que procurei os brutos de 1556 para personagens da novela que nunca pude acabar? Por que fui provocar o Dr. Castro sem motivo e fiz de um taco ivirapema para rachar-lhe a cabeça?
>
> Um caeté! Com que facilidade esqueci a promessa feita ao Mendonça! E este hábito de fumar imoderadamente, este desejo súbito de embriagar-me quando experimento qualquer abalo, alegria ou tristeza!
>
> [...]
>
> Diferenças também, é claro. Outras raças, outros costumes, quatrocentos anos. Mas no íntimo, um caeté. Um caeté descrente.
>
> [...]
>
> Ateu! Não é verdade. Tenho passado a vida a criar deuses que morrem logo, ídolos que depois derrubo – uma estrela no céu, algumas mulheres na Terra...[5]

O caeté de João Valério, o selvagem que habita seu interior e que é capaz de atos bárbaros, é na verdade a violência de um mundo irracional sob a superfície do racionalismo burguês, traumaticamente recalcado sob o verniz da civilidade, do progresso, da moderna divisão do trabalho. E quando o trauma emerge, quando o caeté adormecido dentro do homem civilizado acorda e se manifesta pela violência, torna-se impossível representá-lo pela escrita: por isso João Valério não consegue escrever seu romance.

Na verdade, de sua posição na sociedade interiorana, nada, além de reprimir o irracional, é permitido a João Valério; nada que fuja à reprodução das condições de produção que o determinam, porque ele é apenas o prolongamento da grande burguesia que, das metrópoles litorâneas,

---

[5] RAMOS, 1969, p. 239. Nas demais citações de trechos dessa obra, a referência será indicada pelas letras *Ct*, seguidas do número da página da qual foi extraída.

envia para o interior as demandas do processo de modernização. Também aqui se evidencia o processo de reificação das relações, quando esse narrador começa por reificar o próprio projeto do romance que pretende escrever, atribuindo-lhe um valor de troca, que lhe conseguiria reconhecimento e prestígio social. Nada duradouro, que projetasse seu nome no futuro, apenas um sucesso paroquial e transitório do qual carecia para ser reconhecido como intelectual:

> Talvez eu pudesse também, com exígua ciência e aturado esforço, chegar um dia a alinhavar os meus caetés. Não que esperasse embasbacar os povos do futuro. Oh! não! As minhas ambições são modestas. Contentava-me um triunfo caseiro e transitório, que impressionasse Luísa, Marta Varejão, os Mendonça, Evaristo Barroca. Desejava que nas barbearias, no cinema, na farmácia Neves, no café Bacurau, dissessem: "Então já leram o romance do João Valério?" Ou que, na redação da Semana, em discussões entre Isidoro e Padre Atanásio, a minha autoridade fosse invocada: "Isto de selvagens e histórias velhas é com o Valério." (*Ct*, p. 67)

Pois bem, no tipo de mediação pelo qual se processa a narrativa de *Caetés*, considero possível identificar o ponto de vista de classe, porém com uma modulação que o torna específico, não permitindo atribuí-lo ao conjunto maior de uma elite coesa e monolítica. Isso porque a luta que trava João Valério para se tornar proprietário (tanto de uma empresa quanto de um livro) se dá desde sua perspectiva de um indivíduo – ou de um grupo, nesse caso o dos intelectuais interioranos – que vê o mundo a partir (de dentro) de sua classe social.

Além disso, o fato de Graciliano Ramos utilizar o caeté como metáfora da violência intrínseca do processo modernizador é um dos indicadores da polêmica que mantém com a geração modernista de 22. Penso que se trata de uma resposta ao Manifesto Antropófago, pela inevitável associação invertida com o episódio histórico da devoração do bispo Sardinha. Trato dessa polêmica no Capítulo II, no tópico que dedico à questão da língua literária nacional.

Bem diferente da situação de João Valério é a de Luís da Silva, narrador de *Angústia*. Descendente de uma oligarquia rural arruinada, busca a capital (Maceió, Rio de Janeiro) como lugar onde pode construir sua vida. Tem boa instrução, trabalha no serviço público e escreve sob encomenda para jornais e revistas. Leva uma vida medíocre, de pouco dinheiro, tendo experimentado até a situação de mendicância. Apaixona-se por Marina, também pobre e medíocre, que lhe é roubada por Julião Tavares, homem de posses que Luís da Silva não suporta. Sua narrativa é a de sua vida medíocre, à qual precisa dar sentido pelo assassinato de Julião Tavares. Calcado no monólogo interior, *Angústia* evidencia um narrador frustrado e desequilibrado, em cuja vida o sentimento de inferioridade econômica tem papel preponderante. Como os demais narradores de Graciliano Ramos, é também escritor:

> Enquanto estou fumando, nu, as pernas estiradas, dão-se grandes revoluções na minha vida. Faço um livro, livro notável, um romance. Os jornais gritam, uns me atacam, outros me defendem. O diretor olha-me com raiva, mas sei perfeitamente que aquilo é ciúme e não me incomodo. Vou crescer muito. Quando o homem me repreender por causa da informação errada, compreenderei que se zanga porque o meu livro é comentado nas cidades grandes. [...] Às vezes passo uma semana compondo esse livro que vai ter grande êxito e acaba traduzido em línguas distantes. Mas isso me enerva. (*Ag*, p. 126)

Assim como João Valério, Luís da Silva é prisioneiro da estrutura de consciência de sua classe social. Outros pobres como ele, muitas vezes, merecem-lhe desprezo. Admira personagens que o remetem às relações oligárquicas de mando, como o assassino José Bahia, no qual deposita sua esperança revolucionária. Julião Tavares é uma espécie de seu *outro* da mesma classe, a metade que lhe falta como realização plena de suas aspirações burguesas.

Angústia evidencia, então, um outro tipo de mediação na literatura. Agora não mais pelo ponto de vista do modesto guarda-livros da província – que ascende a proprietário –, mas, no interior da mesma classe, do ponto de vista do derrotado a quem cabe toda a culpa pela própria derrota. Estrutura-se sobre uma dupla temporalidade, desdobramento do narrador citadino (presente) que continua preso ao campo (passado), cuja narração entrecruza o presente da narrativa com o passado que contém sua pré-história. A esses elementos corresponde sua dupla identidade: desdobra-se em um *eu de agora,* que tem por objeto da narração seu *eu de outrora*, o que resulta em variações de seu ponto de vista. Seus devaneios são perpassados pela auto-ironia – porquanto explicita ao leitor ter consciência deles – e sobrepõem a essa dupla temporalidade um outro tempo, imaginário, que permite ao leitor ter acesso apenas ao mundo construído na circunscrição de seu delírio.

Trata-se, enfim, da narração de um crime, da eliminação por Luís da Silva do seu duplo, contraditório objeto de asco e desejo – sua figura encarna tudo a que esse narrador aspira, ao mesmo tempo em que lhe desmascara todo o seu fracasso e impotência. Julião Tavares é representação metonímica do capitalismo, representação do lado opulento e bem-sucedido do indivíduo na sociedade dividida em classes, justamente o lado que falta ao narrador: no discurso autojustificativo de Luís da Silva, destruí-lo seria destruir o capitalismo.

Como se vê, *Caetés* e *Angústia* apresentam tipos de mediação bastante diferenciados, obtidos por Graciliano Ramos mediante a localização dos pontos de vista de seus narradores-personagens em diferentes *loci* no interior de uma mesma classe social. O ponto de vista de Luís da Silva é o do indivíduo que luta desesperadamente por se integrar a sua classe social, incapacitado a isso pelo peso de um passado oligárquico que não o libera para viver plenamente o liberalismo econômico da sociedade burguesa. A essa modulação do ponto de vista soma-se a utilização de técnicas narrativas como o fluxo de consciência e a fragmentação temporal, o que evidencia a passagem da experimentação à utilização madura de procedimentos que apenas se prenunciavam em *Caetés*.

Na comparação de João Valério e Luís da Silva com Paulo Honório, vemos que, em *São Bernardo*, Graciliano Ramos utiliza um tipo de mediação ainda diferente dos dois anteriores. O deslocamento do ponto de vista narrativo evidencia um narrador-personagem localizado na mesma classe social dos primeiros, cuja narração perfaz a trajetória que o leva da pobreza à propriedade latifundiária. Encarnação dos valores da sociedade capitalista, Paulo Honório é também escritor dedicado à revisão de seu passado pela escrita de seu livro, atormentado pela culpa que não o deixa esquecer o suicídio da esposa Madalena. É um homem de posses, que amealhou fortuna por meios comuns aos de sua classe social – tráfico de influência, opressão, chantagem –, e sua obsessão pela posse das coisas e das pessoas é a motivação que o impulsiona.

Paulo Honório é um narrador que problematiza o ato de escrever, mas de modo diferente de João Valério e Luís da Silva, narradores mais intelectualizados, cujos questionamentos se dão muito mais a partir da função da literatura na sociedade e do prestígio social do escritor. Paulo Honório, ao contrário, apresenta questionamentos próprios dos que possuem pouca familiaridade com a escrita literária, fazendo emergir a dificuldade de lidar com as palavras e com a insuficiência delas para expressar com exatidão aquilo que deseja transmitir ao leitor:

> Aqui sentado à mesa da sala de jantar, fumando cachimbo e bebendo café, suspendo às vezes o trabalho moroso, olho a folhagem das laranjeiras que a noite enegrece, digo a mim mesmo que esta pena é um objeto pesado. Não estou acostumado a pensar. Levanto-me, chego à janela que deita para a horta. Casimiro Lopes pergunta se me falta alguma coisa.
>
> – Não.
>
> Casimiro Lopes volta e acocora-se num canto. Volto a sentar-me, releio estes períodos chinfrins.
>
> Ora vejam. Se eu possuísse metade da instrução de Madalena, encoivarava isto brincando. Reconheço finalmente que aquela papelada tinha préstimo.[6]

Esse narrador-personagem que se apropriou de coisas e de pessoas descobre que não conseguiu se apropriar por completo da linguagem culta que sua mulher possuía. Por isso o trabalho de escrever lhe parece "moroso", sua pena parece "pesada", tem dificuldade em pensar. A resposta que dirige ao empregado deveria ser o contrário: "falta-me instrução, faltam-me palavras para encoivarar meu livro".

Níveis de mediação

Essas rápidas análises dos romances em primeira pessoa de Graciliano Ramos exemplificam a variedade dos *tipos* de mediação, dos quais tratei até aqui. Mas, além deles, é preciso também examinar os *níveis* em que se desenvolve esse processo, uma vez que meu foco de análise privilegia a

---

[6] RAMOS, 1976, p. 10. As citações dessa obra serão indicadas entre parênteses pelas iniciais *SB*, seguidas do número da página da qual foi extraída.

dimensão estética da obra literária, exatamente por partir da idéia de que estou lidando com a literatura como produção social e que as esferas da vida social compõem uma totalidade que não se pode fragmentar. Por isso não trato a mediação estética isoladamente dos tipos até agora elencados neste tópico.

No campo da estética, o qual é também uma construção social, o trabalho do escritor passa por uma dupla mediação: "(i) as condições de produção das obras de arte e (ii) as convenções estéticas existentes" (WOLFF, 1982, p. 73).

A primeira diz respeito mais estreitamente à posição do escritor no processo social, não mais como um gênio criador livre das interferências da sociedade, mas como alguém determinado social e historicamente, às voltas com condições concretas de produção da obra literária. "O autor é visto como um 'produtor', cujo trabalho é usar os instrumentos técnicos e materiais ao seu alcance e modelá-los numa obra literária" (p. 74). As técnicas e os métodos de produção artística; a independência ou dependência do autor na comercialização de sua obra; as relações sociais de produção artística, baseadas nas técnicas e nas instituições sociais: todo esse conjunto forma as condições de produção com que o artista se defronta. E não há como negar que essas são apenas uma parcela das condições mais abrangentes de produção na sociedade e estão intimamente relacionadas com elas: *as condições de produção da arte são uma reprodução das condições de produção do modo capitalista.*

Isso posto, problematiza-se também a discussão da autonomia incondicional da obra de arte – e da literatura. A concepção da literatura como possibilidade de evasão da realidade, como refúgio, como puro entretenimento ou como expressão transcendental da essência humana – "o sorriso da sociedade", como já foi tantas vezes designada – cai por terra quando esclarecemos em sua dimensão estética a função estruturante e definidora que sobre ela têm as condições de produção criadas pelo capital:

> O nível da estética interpõe suas próprias mediações, portanto, entre a ideologia e sua expressão cultural (num quadro, num romance, numa peça). Isso não é negar o que dissemos antes – que o artista é, de certo modo, o agente da ideologia, através do qual as opiniões e as convicções de um grupo encontram expressão. É insistir, porém, em que isso não

> ocorre de maneira simples, numa simples transposição das idéias políticas, sociais e outras num veículo estético. As condições materiais concretas da produção artística, tecnológicas e institucionais *medeiam essa expressão e determinam sua forma específica no produto cultural*. (p. 74. Grifos meus)

Neste ponto acho necessário reafirmar a noção de *ideologia da forma*, de que trata Jameson, conforme explicitei na "Introdução". Neste caso, estamos problematizando a relação entre forma literária e processo social, que é mediada pela ideologia e que resulta numa forma literária concreta e historicamente determinada. Como já foi dito, é a manifestação de um ato socialmente simbólico. E como a História não teve início com o modo de produção capitalista, temos de considerar aquela matéria anterior, o *subtexto* histórico de que fala Jameson – isto é, os "sobreviventes materializados de modos de produção cultural mais antigos" –, cujas estruturas coexistem de forma articulada:

> A análise da ideologia da forma, se devidamente realizada, deverá revelar as persistências formais dessas estruturas arcaicas da alienação – e seus sistemas de signos específicos – sob a camada de todos os tipos de alienação mais recentes e historicamente originais –, tais como a dominação política e o fetichismo das mercadorias – que se tornaram as dominantes daquela que é a mais completa de todas as revoluções culturais, o capitalismo tardio, em que todos os modos de produção anteriores, de uma forma ou de outra, coexistem estruturalmente. (JAMESON, 1992, p. 91)

O exemplo de Jameson, em que a sobreposição desses modos de produção se revela, é o da relação do feminismo com a teoria marxista:

> [na análise do] falso problema da prioridade do econômico sobre o sexual, ou da repressão sexual sobre a das classes, [...] fica claro que a sexualidade e o patriarcal devem ser apreendidos como sedimentação e sobrevivência virulenta de formas de alienação específicas ao modo de produção mais antigo da história humana, com sua divisão do trabalho entre homens e mulheres, e sua divisão do poder entre jovens e velhos. (p. 91)

Na obra de Graciliano Ramos há como apreender essa persistência de modos de produção anteriores, na medida em que a forma literária revela, no processo social brasileiro, a histórica coexistência de formas arcaicas e modernas. O latifúndio é, na literatura, uma figuração dessa contradição: ele "é, essencialmente, um instituto misto: feudal-capitalista" (RANGEL, 2005, p. 295). Penso, por exemplo, na propriedade latifundiária de *São Bernardo* e na figura de Paulo Honório como seu instituidor. Em seu período de apogeu, a fazenda funciona tal e qual o Brasil: relaciona-se com instituições comerciais nacionais e internacionais nos melhores moldes de uma empresa capitalista; mas as relações em seu interior – aquelas entre o proprietário e seus empregados – mantêm o caráter arcaico da economia pré-capitalista. Tal país, tal propriedade: enquanto temos uma nação plenamente inserida no mercado mundial – mesmo que subalternamente –, no processo de produção do mercado interno predominam o atraso nas relações sociais e a espoliação. Por esses fatores é possível avaliar a complexidade do processo de mediação empreendido pelo escritor.

O outro nível de mediação da literatura diz respeito aos códigos e às linguagens, às regras e convenções fixadas pela tradição. São esses elementos que determinam o *que* dizer numa obra literária e *como* dizê-lo. Sabe-se desde os formalistas russos que códigos e linguagens possuem um caráter material e por isso se inserem no conjunto das práticas materiais da sociedade. Não está em causa o uso que se faz deles nos processos de comunicação social, em si mesmo ideológicos. O que se pretende mostrar é que, historicamente, os códigos estéticos desempenham papel mediador entre a ideologia e a obra literária.

A mediação na literatura latino-americana

No caso da literatura latino-americana, esse fator dos códigos estéticos é especialmente problemático, dada a nossa condição colonial. Tendo em vista a relação entre esse universal produzido pelo colonizador e sua transplantação para as colônias, o problema do escritor como mediador se agudiza: passa ele a ser um mediador de culturas, pois a forma européia pronta e acabada choca-se com a matéria local fruto da colonização. Não foi por acaso que a revolução de linguagem do modernismo brasileiro teve início pelo questionamento dos códigos estéticos da tradição parnasiana.

Nesse sentido, assim como todas as produções culturais, a literatura é construída de acordo com uma lógica interna que é preciso apreender, juntamente com os códigos estéticos que ela mobiliza nessa construção. Como afirma Wolff (1982, p. 74),

> isso também é importante porque nos permite reconhecer as maneiras significativas pelas quais certas coisas – valores, idéias, acontecimentos – não estão contidas no texto. As convenções da produção literária e artística podem negar certas afirmações. Mostrar essas limitações no texto – esses "silêncios", como disseram Macherey e Eagleton – é importante para a revelação da ideologia que está por trás do texto e fala através dele.

Na literatura latino-americana, essa lógica interna pode ser identificada no choque entre essas convenções e a consciência que possui o escritor, com maior ou menor clareza, da condição colonial ainda não superada pelos países do continente. Nesse caso, essa consciência é – entre outros – fator de determinação da posição de classe do escritor, porquanto sabe que está lidando com a literatura como instrumento que serve aos interesses do dominador.

Rama (1985a) tratou dessa questão quando formulou seu conceito do escritor como transculturador para o estudo da literatura latino-americana, ou seja, de um ser social que media culturas antagônicas: a do colonizador europeu e a das populações latino-americanas – desde aquelas remanescentes dos povos pré-descobrimento até aquelas que resultaram do processo de colonização. Rama esclarece que o termo "transculturação" foi cunhado pelo cubano Fernando Ortiz, em 1940, com a preocupação de nomear um processo de mediação intrinsecamente diferenciado daqueles conhecidos como *aculturação* (que implica o abandono de uma cultura anterior, ou seja, uma *desculturação*) e *neoculturação* (criação de novos fenômenos culturais).

Esse teórico estabelece como critérios da investigação as possibilidades de independência, originalidade e representatividade das obras literárias latino-americanas, dada essa particularidade regional resultante do choque entre uma tradição cristalizada na Europa e uma matéria social colonial. Propõe que se estude a cultura da América Latina de forma a englobar a visão histórica, sociológica e política de suas produções, por meio da análise de sua literatura em perspectiva ampla, não reduzida à visão de mundo dos escritores e às formas artísticas de uma sucessão de autores e obras, "sino preferentemente en sus peculiaridades productivas, para responder con ellas a esas normas básicas que regulan la literatura latinoamericana desde sus orígenes" (RAMA, 1987, p. 19).

Perseguindo, por meio da literatura, a visão de totalidade da cultura latino-americana, Rama recusa tanto a visão conteudista, que reduz a leitura literária à busca de equivalências sociológicas ou a transforma em panfleto político, quanto a visão estritamente imanentista, que a isola de seu contexto e a ela recusa a representatividade que marca todo texto literário no desenvolvimento histórico. Com esse procedimento, explicita seu objetivo:

> Restablecer las obras literarias dentro de las operaciones culturales que cumplen las sociedades americanas, reconociendo sus audaces construcciones significativas y el ingente esfuerzo por manejar auténticamente los lenguajes simbólicos desarrollados por los hombres americanos, es un modo de reforzar estos vertebrales conceptos de independencia, originalidad, representatividad. Las obras literarias no están fuera de las culturas sino que las coronan y en la medida en que estas culturas son invenciones seculares y multitudinarias hacen del escritor un productor que trabaja con las obras de innumerables hombres. (p. 19)

Nesse trecho, além de reafirmar um conceito útil para os estudos da literatura, não só da América Latina, mas também, consideradas as devidas especificidades históricas, de qualquer país de origem colonial, o crítico dá continuidade a uma tradição intelectual latino-americana de busca daquilo que é específico na constituição dos Estados Nacionais, por meio da produção literária. E desenvolve sua perspectiva crítica a partir da consciência histórica da colonização, em sua relação indissociável com o processo civilizatório dos países do continente.

Para Rama, o percurso histórico da modernização se desenvolve desde as capitais nacionais – geralmente situadas em áreas portuárias cujo contato com o exterior é mais intenso – até as populações das áreas internas, onde persistem formas culturais anteriores à colonização, que recebem o impacto dessa cultura externa, mas não de maneira passiva. Isso esclarece a base sobre a qual se estrutura o conceito de transculturação:

> [...] el concepto se elabora sobre una doble comparación: por una parte registra que la cultura presente de la comunidad latinoamericana (que es un producto largamente transculturado y en permanente evolución) está compuesta de valores idiosincráticos, los que pueden reconocerse actuando desde fechas remotas; por otra parte corrobora la energía creadora que la mueve, haciéndola muy distinta de un simple agregado de normas, comportamientos, creencias y objetos culturales, pues se trata de una fuerza que actúa con desenvoltura tanto sobre su herencia particular, según las situaciones propias de su desarrollo, como sobre las aportaciones que vienen de fuera. (p. 34)

Pois bem, esse percurso do processo de modernização não nos é estranho. No início deste capítulo, na visada panorâmica sobre a década de 1930, assinalei as resistências do Brasil "remoto" c ontra as demandas modernizadoras emanadas do litoral, constatação que Rama confirma como sendo traço dialético constitutivo do processo na América Latina em geral:

> Sin embargo, es más frecuente que las regiones internas reciban los impulsos de las más modernizadas, de tal modo que se cumplen dos procesos transculturadores sucesivos: el que realiza, aprovechando de sus mejores recursos, la capital o, sobre todo, el puerto, aunque es aquí donde la *pulsión externa gana sus mejores batallas,* y el segundo que es el que realiza la cultura regional interna *respondiendo al impacto* de la transculturación que le traslada la capital. (p. 36-7. Grifos do autor)

A escolha vocabular de Rama, destacada em itálico na citação acima, deixa claro que a transculturação não é um processo pacífico, pelo contrário, é carregado da tensão inerente às relações de dominação que fazem a história latino-americana, mostrando as culturas das áreas internas como focos de resistência que, forçadas a recebê-la, apropriam-se da cultura do colonizador. Desse processo, ambas saem transformadas.

Pense-se, por exemplo, no já mencionado *Caetés*, sem dúvida um romance que evidencia o conflito entre o dado local e a exigência modernizadora que sobre o interior alagoano se estende desde a capital litorânea. Esta, por sua vez, é também pressionada a responder ao mesmo apelo, que lhe dirigem outros centros urbanos maiores e de relações comerciais mais abrangentes e dinâmicas, acionados, também eles, desde uma metrópole comercial. Essa exigência do processo de modernização não é restrita às relações econômicas, abrangendo também, no conjunto das relações sociais, a produção cultural, na qual se inclui a imposição de uma tradição literária da metrópole – internacional ou regional – aos escritores locais.

Nesses termos, o narrador de *Caetés* é um escritor às voltas com a problemática das condições históricas detectadas por Rama: escreve um romance, ao mesmo tempo, histórico, regional e com pretensões universalistas. Outro não é o problema do escritor, também ele em busca das soluções que melhor adequarão as relações entre língua e estrutura: as expressões regionais, o acento e o ritmo próprios do falar nordestino aliam-se à sintaxe escorreita do colonizador, cujo único preposto é a elite local, agente da modernização. Lembre-se, a esse respeito, que Candido (1992, p. 17) identifica correspondências de linguagem entre Graciliano Ramos e Eça de Queirós.

Não direi que se trata de uma narrativa transculturadora, porque avalio *Caetés* como um romance ainda experimental no que diz respeito à apropriação das técnicas literárias dos centros modernizadores. Por isso, não basta para incluir Graciliano Ramos entre os transculturadores latino-americanos a que se refere Rama, embora indique embrionariamente seu potencial transculturador. Penso, entretanto, que o conjunto da obra do escritor alagoano permite cogitar essa possibilidade, porquanto revela seu amadurecimento na utilização das técnicas literárias – e também na capacidade de polemizar com elas, enquanto imposição dos centros culturais mais afins com as metrópoles européias – na trajetória de sua produção ficcional, até *Vidas secas*. Negar essa possibilidade seria imprimir caráter coercitivo ao pensamento de Rama, o que seria o mesmo que destituí-lo da energia dialética necessária ao estudo das relações entre os países colonizados e as formas históricas de imposição do processo modernizador.

A transformação de que fala Rama – e que a meu ver Graciliano Ramos promove ao longo de sua obra ficcional –, por seu caráter conflituoso, resulta em uma reestruturação completa do que Rama denomina "sistema cultural", por meio das operações de perdas, seleções, redescobrimentos e incorporações. Essa reestruturação é o que o crítico considera "la función creadora más alta que se cumple en un proceso transculturante" (RAMA, 1987, p. 39) e se processa pela articulação de três níveis da elaboração literária: a língua "como reduto defensivo e como uma prova de independência", a "estruturação literária" e a "cosmovisão". (p. 40-48).

No primeiro caso, colocam-se em questão os diferentes modos como os escritores se relacionam com a língua de sua comunidade lingüística, buscando-se critérios para analisar a originalidade e a representatividade de uma obra literária. No realismo predominou um "sistema dual, alternando la lengua literaria culta del modernismo con el registro del dialecto de los personajes, preferentemente rurales, con fines de ambientación realista." (p. 40). A literatura registra a fala popular entre aspas e adota glossários para explicar os termos regionais que não constam dos dicionários do colonizador.

Mas os herdeiros dos escritores realistas vão progressivamente reduzindo essa dualidade, com a introdução de mudanças exigidas pela norma modernizadora, abrindo mão dos regionalismos e do vocabulário popular local, mas dando início a uma "utilización del habla propia del escritor." Extinguem-se os rodapés e glossários, e há uma aproximação maior entre o narrador e as personagens. Constrói-se uma língua literária que busca preservar a unidade artística da obra, registrando, porém, sua diferença idiomática com a língua do colonizador. Não se trata do fim do realismo, mas de sua transformação.

Fora do âmbito da tradição regionalista latino-americana, Rama vê em Júlio Cortázar um exemplo de radicalização desse processo, com *Rayuela*, em que "unifica el habla de todos los personajes, sean argentinos o extranjeros, mediante el uso de la lengua hablada de Buenos Aires [...]" (p. 41-42).

Mas no caso dos escritores que retomaram a tradição regionalista, no processo de transculturação, houve uma inversão:

> La que antes era la lengua de los personajes populares y, dentro del mismo texto, se oponía a la lengua del escritor o narrador, invierte su posición jerárquica: en vez de ser la excepción y de singularizar al personaje sometido al escudriñamiento del escritor, pasa a ser la voz que narra, abarca así la totalidad del texto y ocupa el puesto del narrador manifestando su visión del mundo. (p. 42)

É *como se* o autor se houvesse integrado a sua comunidade lingüística e falasse de dentro dela, utilizando suas formas sintáticas e lexicais, não mais pela imitação, em perspectiva externa, de uma fala regional, mas pela sua elaboração artística, a partir de um *locus* interno.

Esses processos lingüísticos com que a literatura latino-americana teve de lidar relacionam-se com os procedimentos artísticos envolvidos no processo de ficcionalização da oralidade, razão pela qual destaquei a expressão "como se" no parágrafo anterior. Um problema que vejo nos dois exemplos de Rama – o da fala própria do escritor da literatura regionalista e o da língua falada em Buenos Aires no romance de Cortázar – é que ambos são construções ideológicas e, como tal, escondem as construções não-hegemônicas sufocadas no processo de dominação. Nesse caso, corre o escritor o grande risco de apenas reproduzir a linguagem imposta pela ideologia dominante, resultando em supressão falsificadora dos substratos lingüísticos resistentes na vida social.

Entendo que nessa questão reside o maior problema do posicionamento de classe do escritor latino-americano, em geral, e brasileiro, em particular. Tomada como produção textual artística que se sobrepõe a dois universos socioculturais diferentes e em tenso processo de dominação, a literatura do continente apresenta, como uma de suas marcas distintivas, a heterogeneidade. O conceito de literatura heterogênea estende-se a toda literatura produzida sob essas condições, inclusive à de uma cultura de resistência no interior das metrópoles colonialistas. Trata-se, pois, de "uma categoria crítica, de certo modo teórica, cujo uso tem de recorrer à história para distinguir uma heterogeneidade de outra [...]" (CORNEJO POLAR, 2000, p.195). Não se confunda então esse conceito de heterogeneidade – essencialmente historicizado – com outros que vêm sendo desenvolvidos pela crítica latino-americana em anos recentes, os quais, em perspectiva a-histórica, restringem a heterogeneidade ao campo da cultura e cultivam a crença de que já teria sido superada a condição colonial pelos países do continente, o que teria eliminado as tensões sociais em cujo solo brota a resistência a que se refere Cornejo Polar.

A literatura brasileira, como categoria histórica, é heterogênea, assim como as dos países latino-americanos de expressão espanhola. A diferença de fundo na conformação dessa heterogeneidade deve-se à existência de culturas letradas no seio dos povos dominados pela colonização espanhola, o que, de certa forma, fortaleceu a resistência dessas culturas à assimilação da cultura do dominador.

No caso do Brasil e seus povos de cultura ágrafa, essa resistência foi notavelmente diminuída, por não haver registros escritos e, também, pela atuação do braço religioso da colonização. Mas o problema maior está em que esses substratos lingüísticos, embora assimilados, persistem na vida social – lembre-se o conceito de heteroglossia a que se refere Rama – , e chega o momento em que a literatura tem de lidar com eles, porque teimam em se manifestar. Então, o que fará diferença no caráter autêntico dessas literaturas, do ponto de vista de sua relação com o processo social, é o *modo* como o escritor se posicionará em relação a essa matéria reprimida. É esse modo que nos evidenciará que tipo de solução lingüística o escritor encontrou para a representação dessas formas populares de linguagem. E é tal tipo de solução que nos permitirá investigar a natureza de seu posicionamento de classe, representado na obra.

Conforme menciono na introdução deste capítulo, Candido (2002) tratou dos sentidos que adquirem essas soluções lingüísticas na representação da linguagem popular. Abordo essa questão no tópico 1 do Capítulo II, no qual analiso essa *perspectiva interna*, a que se refere Rama e que identifico com o tratamento da linguagem oral pelo escritor, como uma construção ficcional decorrente de seu posicionamento de classe.

No que diz respeito a técnicas de estruturação literária, os escritores latino-americanos se depararam com um problema bem mais complexo do processo de modernização. Tiveram, ao mesmo tempo, de superar as formas estrangeiras tradicionais e lidar com as propostas das vanguardas que revolucionaram a literatura européia no início do século XX:

> También en este nivel, surtió de respuesta el repliegue dentro del venero cultural tradicionalista, merced al cual se retrocedió aún más a la búsqueda de mecanismos literarios propios, adaptables a las nuevas circunstancias y suficientemente resistentes a la erosión modernizadora. La singularidad de la respuesta consistió en una sutil oposición a las propuestas modernizadoras. (RAMA, 1987, p. 44)

Como exemplo dessa "sutil oposição", Rama cita Guimarães Rosa, que, em oposição à técnica do fluxo de consciência, disseminada pelo romance moderno a partir de James Joyce e Virginia Woolf, recupera o discurso narrativo originário da narração popular em *Grande Sertão:*

Veredas. Destaca também Juan Rulfo, que opõe as "vozes sussurrantes" da fala popular às técnicas vanguardistas de justaposição de fragmentos em *Pedro Páramo*. Menciona ainda Gabriel García Márquez, que, para esse crítico, resolve estilisticamente a conjunção do verossímil e do maravilhoso pela perspectiva das personagens, em *Cem anos de solidão*.

Particularmente nesse último caso, penso que as soluções técnicas encontradas por García Márquez de fato resultam da "conjunção do verossímil e do maravilhoso", mas isso se dá, principalmente, graças ao trabalho de recuperação da tradição oral que, sem ser folclórica, dá-se a ver no processo social com o qual se relaciona a forma literária. Tome-se, por exemplo, o conto "Os funerais da Mamãe Grande"[7], narrativa que encena a fala de um narrador popular encarregado de contar a história a um auditório. Esse narrador, cuja fluência verbal confere grande agilidade ao relato, introduz subrepticiamente no conjunto dos fatos verossímeis outros de natureza fantástica, numa espécie de "contrabando", por meio do qual estes últimos são levados pelo fluxo da narrativa.

Mas, mesmo com toda a variedade de soluções demonstrada por esses e outros escritores, Rama avalia que houve perdas no nível das estruturas narrativas, em razão do "naufrágio" do repertório regionalista, retomado apenas na "narrativa social posterior a 1930" (p. 45). Houve tentativas de compensar essas perdas quando os escritores utilizaram estruturas vanguardistas, mas os resultados, para Rama, não proporcionaram

> el dividiendo artístico que produjo el retorno a estructuras literarias pertenecientes a tradiciones analfabetas. Sobre todo porque fueron elegidas las que no estaban codificadas en los cartabones folklóricos, sino que pertenecían a una fluencia más antigua, más real, más escondida también. (p. 46)

O nível da "cosmovisão" é considerado por Rama como central, responsável pelo engendramento dos significados: "Este punto íntimo es donde asientan los valores, donde se despliegan las ideologías y es por lo tanto el que es más difícil rendir a los cambios de la modernización homogeneizadora

---

[7] In: MÁRQUEZ, Gabriel García. *Os funerais da mamãe grande*. 3. ed. Rio de Janeiro: José Olympio, 1975, p. 145-171.

sobre patrones extranjeros" (p. 48). Segundo esse crítico, a modernização a que a literatura responde no entre-guerras – no Brasil pelo movimento modernista, nos países hispano-americanos pelo "vanguardismo" – é abrangente e interfere na produção literária de todas as tendências estéticas, em diferentes intensidades.

Isso provocará diferentes respostas dos escritores de cada uma dessas tendências, tornando possível identificar "el puesto que ocupan en la multiplicidad cultural latinoamericana de la época" (p. 48). A par disso, analisa o fenômeno de descoberta de uma matéria local mítica, a partir de sua retomada pelos escritores latino-americanos residentes em Paris quando do surgimento dos movimentos de vanguarda, como acontecimento transculturador que, após uma série de complexas inversões ideológicas, fez com que a literatura superasse os modelos míticos fixados pela tradição, substituindo-os pelo "pensar mítico":

> Por lo tanto, la respuesta a la desculturación que en este nivel de la cosmovisión y del hallazgo de significados promueve el irracionalismo vanguardista, sólo en apariencia parece homologar la propuesta modernizadora. En verdad, la supera con imprevisible riqueza, a la que pocos escritores de la modernidad fueron capaces de llegar: al manejo de los "mitos literarios", opondrá el "'pensar mítico". (p. 55)

Esse "pensar mítico" funda-se fortemente nas formações culturais históricas do continente latino-americano, ou seja, a tradição da cultura indígena – no caso mais geral dos escritores de expressão hispânica –, que será trabalhada simultaneamente com a matéria da modernização ocidental, de forma indissociada.

Nesse aspecto, lembro as narrativas do guatemalteco Miguel Ángel Asturias[8], fortemente marcadas pelo período ditatorial de Estrada Cabrera (1898-1920), cujas personagens são figurações das classes sociais ou de seres primitivos indígenas, perspectivados por uma linguagem espontânea, da tradição oral maia. Ao lado da denúncia social e do protesto, várias de suas obras tentam estabelecer a representação de uma América

---

[8] Miguel Ángel Asturias (Guatemala, 1899 – Paris, 1974). Prêmio Nobel de Literatura em 1968. Escreveu, entre outros, *El señor presidente* (1946), *Hombres de maíz* (1952) e a trilogia *El viento forte* (1951), *El papa verde* (1954) e *Los ojos de los enterrados* (1960).

Latina múltipla, mestiça, fundada no valor ritual das palavras do *Popol Vuh* e de outros antigos textos maias. A representação da mestiçagem em Asturias evidencia a permanente tensão entre o europeísmo e o americanismo em seus textos, entre o refinamento da literatura européia e o primitivismo da cultura indígena, ou, em termos mais familiares a este trabalho, a dialética universal/local analisada por Antonio Candido.

O "pensar mítico" a que se refere Rama pode ser identificado igualmente na obra de José María Arguedas[9], antropólogo e escritor peruano que, em *Los ríos profundos*, representa tragicamente a contradição do processo de colonização em termos da oposição entre a costa e a serra, ou seja, entre o litoral modernizado e os territórios indígenas andinos. Por meio de uma tradição quíchua (sua única língua até os 14 anos), Arguedas representa o confronto das forças civilizadoras com o mundo mítico e as tradições mágicas dos indígenas. Também nas obras desse escritor é ressaltada a tensão dialética entre o universal e o local, perpassada constantemente pelo autoquestionamento da literatura, neste caso comprometida com a preservação da memória coletiva de um povo em permanente ameaça de extinção.

O estudo da literatura latino-americana por esse viés evidencia a grande afinidade entre o pensamento crítico de Ángel Rama e o método crítico-analítico de Antonio Candido. Ao propor, em 1956, o estudo da literatura brasileira como "síntese de tendências universalistas e particularistas" (CANDIDO, 1997, p. 23), o crítico brasileiro recusava o método que reduzia as obras literárias a "meros documentos, sintomas da realidade social" e propunha um método de análise que buscasse "apreender o fenômeno literário da maneira mais significativa e completa possível, não só averiguando o sentido de um contexto cultural, mas procurando estudar cada autor na sua integridade estética". Seu intento era "focalizar a obra como realidade própria e o contexto como sistema de obras", propondo uma "crítica equilibrada", que mostrasse que "história e estética, forma e conteúdo, erudição e gosto, objetividade e apreciação [...] são partes de uma explicação tanto quanto possível total" da obra literária (p. 29).

---

[9] José María Arguedas Altamirano (Peru, 1911-1969). Autor, entre outras, das obras: *Yawar fiesta* (1941), *Los ríos profundos* (1956), *Todas las sangres* (1964) e *El zorro de arriba y el zorro de abajo* (1971).

Candido propunha também que os estudos literários levassem em consideração, com igual peso, os fatores externos à obra (a vida social), o fator individual (o autor como homem historicamente localizado) e o texto (com todos os elementos que o constituem: os dois anteriores e aqueles, "específicos", que os transcendem e não se deixam reduzir a eles), de modo que a obra passasse a ser analisada como uma produção resultante da conjunção desses "três níveis possíveis de compreensão" (p. 33). Ou seja, o texto literário é constituído como tal graças à mediação dessas três ordens da realidade, que devem ser analisadas simultaneamente.

Sua contribuição sem dúvida inaugurou um método para os estudos literários no Brasil, após reconhecer que "a crítica é um ato arbitrário" (p. 37) e que cabe ao crítico explicitar para o leitor o *locus* ideológico a partir do qual seleciona períodos, autores, obras, temas, imagens e traços da literatura estudada. Sua noção central de "literatura como sistema" (p. 23) é fundamental para a recuperação da perspectiva histórica que preside o conceito de "tradição" (p. 24); o critério que elege para identificar o momento em que esse sistema conclui sua formação é o de síntese, ou seja, aquele ponto de evolução orgânica em que a relação da produção literária com uma tradição local consolidada produz uma literatura autônoma, com vigor suficiente para superar essa tradição, ao mesmo tempo em que se encontra em condições de não se espelhar nos escritores da metrópole. Candido localiza esse ponto na obra de Machado de Assis:

> [...] é o herdeiro de Macedo, Manuel Antônio, Alencar, que foram no romance os seus mestres e inspiradores. É claro que o seu gênio não decorre disto; pelo contrário, seguiu-os porque era um gênio com força suficiente para superá-los e dispensar os modelos estrangeiros. Por isso, é o escritor mais brasileiro que jamais houve, e certamente o maior. A sua aparente singularidade se esclarece, para o historiador da literatura, na medida em que se desvendam as suas filiações e, para o crítico, quando as liga ao talento peculiar com que fecundou a fórmula do romance romântico, acrescentando à apresentação realista das relações sociais urbanas uma profundidade analítica, inacessível à bonomia de Manuel Antônio, mas pressentida pelo Alencar de *Senhora* e *Lucíola*, no qual se entronca diretamente. (p. 105)

Coerentemente com seus estudos da literatura brasileira, Candido estende sua atividade crítica a toda a literatura latino-americana, interagindo com as produções críticas de outros países e buscando construir uma visão de conjunto das condições históricas em que se produzem as obras literárias do continente. Ao reconhecer o caráter dependente da literatura latino-americana, por seu "vínculo placentário com as literaturas européias" – que é uma determinação histórica –, Candido reconhece como natural o uso das formas importadas, razão pela qual a dependência "deixa de o ser, para tornar-se forma de participação e contribuição a um universo cultural a que pertencemos, que transborda as nações e os continentes, permitindo a reversibilidade das experiências e a circulação de valores" (CANDIDO, 2000a, p. 152). Por isso mesmo, considera que "um estágio fundamental para a superação da dependência é a capacidade de produzir obras de primeira ordem, influenciada não por modelos estrangeiros imediatos, mas por exemplos nacionais anteriores" (p. 153), ou seja, a tradição literária local passa a constituir um fator de *causalidade interna*, que liga uns aos outros os escritores de uma literatura nacional, de forma orgânica.

Nessa perspectiva, esse crítico trata da questão da consciência do escritor latino-americano em relação ao problema do atraso e do subdesenvolvimento históricos do continente. Essa é uma condição central para a percepção da lógica interna dessas literaturas, porque determina o tipo e os níveis do processo de mediação. Candido enumera três momentos diferentes no desenvolvimento da consciência do escritor, a partir da análise das condições de produção da obra literária: a consciência amena do atraso (ou subdesenvolvimento), a consciência catastrófica e a consciência dilacerada (p. 147), determinadas pela apreensão, pelo escritor, do grave problema do analfabetismo na América Latina e de sua debilidade cultural. A esses graus de consciência corresponde o grau de comprometimento do escritor com a ideologia dominante, assim como lhe correspondem diferentes momentos do processo de modernização.

A consciência amena se representava literariamente quando "o escritor partilhava da ideologia *ilustrada*, segundo a qual a instrução traz automaticamente todos os benefícios que permitem a humanização do homem e o progresso da sociedade" (p. 146). É a fase da consciência esperançosa do atraso, em que os intelectuais não se incluíam no contexto da incultura dominante, voltados que estavam para a cultura européia, identificados com a produção cultural da metrópole. Produziram-se obras descoladas das referências locais e perfeitamente acabadas segundo os padrões de formas e valores da Europa, como foi o caso do modernismo dos países de expressão espanhola e de seus correspondentes no Brasil, o parnasianismo e o simbolismo.

No entanto, como produção social que abriga a contradição entre o analfabetismo e o requinte formal, o cosmopolitismo e o regionalismo, a literatura mostra que dentro da imitação servil estava latente uma matéria que reclamava meios de se manifestar, mesmo que não fosse enunciada. Essa consciência amena produz juízos de valor anacrônicos e induz a um tipo de provincianismo cultural que privilegia modelos europeus para a valoração das obras literárias.

Mas há também momentos em que o atraso pode se dever apenas a um descompasso, a uma demora para a chegada ao país colonizado de uma forma cultural viva que já deu sinais de esgotamento na metrópole, como foi o caso do naturalismo entre nós, cujas fórmulas persistiram – em Euclides da Cunha e Graça Aranha, por exemplo – até serem retrabalhadas pelo romance social da década de 1930. Vê-se então uma linha de continuidade que forma a tradição; nesse sentido, não é descabida a identificação de características naturalistas nas notações do cotidiano corriqueiro em *Caetés*, de Graciliano Ramos, vistas antes como prenúncio de uma qualidade desse escritor em obras posteriores: "a discrição e a tendência à elipse psicológica, cujo correlativo formal são a contensão e a síntese de estilo" (CANDIDO, 1992, p. 15).

À luz dessas constatações, Candido discute o problema da dependência cultural causada pelo atraso, relacionando-o com a questão das influências que, para o bem ou para o mal, a literatura latino-americana recebeu. Após os movimentos de independência política, essa relação de dependência deslocou-se das antigas para as novas metrópoles, como a França, cuja literatura se tornou modelo para as nossas a partir do século XIX. Hoje essa relação encontra-se fortemente concentrada na produção cultural estadunidense, não sendo possível ainda mensurar sua interferência na produção literária. Os impulsos nativistas não chegaram a contestar a adoção das formas estrangeiras, mas iniciaram a exigência da escolha de novos temas e motivos, de uma alma local na literatura. Portanto, a dependência nunca foi contestada, pelo contrário, foi considerada natural porque inevitável.

Essa formulação de Candido, elaborada em 1965, é semelhante ao conceito de literatura-mundo, elaborado por Moretti (2001), que mencionei na introdução deste capítulo, por analogia com a noção de economia-mundo de Wallerstein (1985). Isso mostra como o crítico brasileiro vem elaborando sua concepção das relações entre as literaturas dos países do centro e da periferia de maneira bastante precoce, sintonizando o desenvolvimento de seu método crítico com as mudanças da vida social latino-americana.

Aliás, para ele, essa dependência cultural é passível de superação quando essas literaturas locais começam a produzir obras de inegável valor estético, porém não mais sob a influência dos modelos importados, mas em relação dialógica criativa com as obras nacionais que as antecederam, como o fizeram Machado de Assis e Jorge Luís Borges, cujos textos têm estatura suficiente para devolver a influência ao ponto de origem. Desse modo, encarada como fenômeno natural e inevitável, a consciência da dependência cultural "se associa à capacidade de inovar no plano da expressão e ao desígnio de lutar no plano do desenvolvimento econômico e político" (CANDIDO, 2000a, p. 154). Trata-se agora da fase de consciência do subdesenvolvimento, não mais pela visão amena mas pela catastrófica, dando início a um processo de transformação da dependência em interdependência cultural, ou seja, estabelecendo entre os países um processo de "assimilação recíproca" no lugar da imitação. É um dos períodos mais férteis da literatura latino-americana:

> Aí, o romancista do país subdesenvolvido recebeu ingredientes que lhe vêm por empréstimo cultural dos países de que costumamos receber as fórmulas literárias. Mas ajustou-as em profundidade ao seu desígnio, para representar problemas do seu próprio país, compondo uma forma peculiar. Não há imitação nem reprodução mecânica. Há participação nos recursos que se tornaram bem comum através do estado de dependência, contribuindo para fazer deste uma interdependência. (p. 155)

Nessa situação, o diálogo de escritores latino-americanos com as obras de Proust, Joyce, Virginia Woolf, Faulkner marca-se por um processo de apropriação das técnicas européias para colocá-las a serviço da representação de processos sociais locais, num movimento de assimilação crítica, em sintonia com os movimentos políticos que reivindicam a superação do subdesenvolvimento e dão a arrancada do processo desenvolvimentista que marcou as décadas de 30 a 60 do século XX. Então, sob o signo de sua ambivalência entre a cópia e a rejeição, a literatura corre riscos e, em alguns momentos, reedita aqui e ali um regionalismo de exportação, uma personagem pitoresca, uma descrição turística para agradar olhos europeus, recriando um regionalismo literário redutor e colonialista. Mas nessa fase de consciência do subdesenvolvimento e da urgência do empenho político para sua superação há períodos em que o regionalismo atinge altos níveis de elaboração e representatividade, porque "a realidade econômica do subdesenvolvimento mantém a dimensão regional como objeto vivo" para a representação literária (p. 159).

O que se vê também nessa fase é a superação daquele otimismo patriótico da consciência amena e sua substituição por um pessimismo não em relação à ação individual, mas em relação à degradação do humano, em decorrência da exploração e da desapropriação econômica.

A terceira fase desse processo traz para a literatura a representação da consciência dilacerada do subdesenvolvimento, fase que Candido denomina de super-regionalista: "é uma florada novelística marcada pelo refinamento técnico, graças ao qual as regiões se transfiguram e os seus contornos humanos se subvertem, levando os traços antes pitorescos a se descarnarem e adquirirem universalidade" (p. 161). Identificado em escritores como Guimarães Rosa e Juan Rulfo, trata-se de um momento em que se consolida na literatura latino-americana "a universalidade da região". Junto com ela, a possibilidade de se estabelecerem eixos ordenadores da produção literária a partir das obras produzidas nos diferentes países, tentando desvelar um sistema que, por sua origem colonial comum, pode ter muito mais similaridades e dessemelhanças do que pensamos, como é da natureza contraditória da literatura produzir.

A afinidade teórico-crítica entre Ángel Rama e Antonio Candido, bem como a orientação semelhante das análises que ambos empreendem das obras de diferentes escritores latino-americanos – como é o caso de Guimarães Rosa e Juan Rulfo – sugere a possibilidade de se estabelecerem eixos históricos nos quais possamos situar, em perspectiva comparativa, a produção literária do continente. Trata-se de uma tarefa crítica que pode abrir caminhos para uma nova história da literatura latino-americana, agora não mais pelo prisma da historiografia tradicional, que privilegia a acumulação sucessiva de autores, obras e estilos de época. Em vez disso, como propõe Rama, por suas "peculiaridades produtivas", e mais, como propõe Candido, pelas relações de causalidade interna das tradições nacionais, em busca da organicidade dos sistemas literários e dos pontos de comunicação dos processos históricos que os conformaram.

Uma proposta dessa natureza é desenvolvida por Bastos (2005), que estabelece um possível eixo de análise comparativa das obras de Graciliano Ramos e Juan Rulfo:

> [...] diseñar un eje histórico donde se encuentran las obras de Rulfo y Graciliano. El objetivo no es decir que hay más trazos comunes entre Graciliano y Rulfo, lo que no tendría ninguna pertinencia teórica y crítica. Lo que pretendo es poner a discusión los marcos históricos o las etapas de evolución de la nueva narrativa latinoamericana, como fueron elaborados por la crítica. Creo que el modelo crítico de una nueva narrativa, de carácter formal y político-literario revolucionario – a la que pertenecerían Juan Rulfo, Guimarães Rosa y otros – se muestra hoy, pasado el momento de gran expectativa de superación de nuestra condición colonial, como una especie de falsa alarma. Eso implica volver atrás y revisar el proceso de evolución de dicha narrativa con el objetivo de encontrar otros parámetros. (p. 134-135)

Similaridades e dessemelhanças começam já, portanto, a ser estabelecidas entre esses dois escritores, em busca do eixo histórico em que ambos possam se localizar, em relação com o todo que compõe a literatura latino-americana. Nesse sentido, são analisados seus procedimentos quanto à tradição oral de que são herdeiros e partícipes, à relação da forma literária com o processo social de seus países e o do continente, às formas de representação: "Las obras de Juan Rulfo y Graciliano Ramos evidencian el compromiso de aquellos aspectos aparentemente ventajosos: no existem aisladamente, no pueden funcionar sino como elementos de la contradicción de que son parte integrante" (p. 134).

As posições críticas de Ángel Rama e Antonio Candido – e os estudos críticos que a partir delas vêm se desenvolvendo – demonstram o quanto é complexo o processo de mediação empreendido pela narrativa latino-americana. E essa complexidade acarreta conseqüências que poderíamos encarar como traços distintivos dessa literatura, dos quais passo a tratar, no Capítulo II, como desdobramentos decorrentes do posicionamento de classe do escritor, investigando como se constituem na obra de Graciliano Ramos.

O posicionamento de classe do escritor na obra de Graciliano Ramos

> *No bucho do analfabeto*
> *Letras de macarrão*
> *Fazem poema concreto*
>
> (Chico Buarque e Edu Lobo)

No campo da cultura, a década de 1930 evidencia uma espécie de mudança de enfoque nas propostas da revolução modernista da década de 1920, acompanhando a mudança política nacional mencionada no Capítulo I. Segundo Lafetá (2004, p. 64),

> enquanto nos anos 1920 o projeto ideológico do Modernismo correspondia à necessidade de atualização das estruturas, proposta por facções das classes dominantes, nos anos 1930 esse projeto transborda os quadros da burguesia, principalmente em direção às concepções esquerdizantes (denúncia dos males sociais, descrição do operário e do camponês), mas também no rumo das posições conservadoras e de direita (literatura espiritualista, essencialista, metafísica e ainda definições políticas tradicionalistas, como a de Gilberto Freyre, ou francamente reacionárias, como o Integralismo).

Essas produções culturais ideologicamente antagônicas dizem muito do embate que se trava durante os anos 1930 e que envolve o Brasil "remoto", resistente à modernização, e a porção urbana do País, que, nas capitais, se modernizava e estendia para o interior as exigências da modernização. Dentro desse processo se manifestavam antagonismos irreconciliáveis, que eram captados pela literatura – o trabalhador espoliado como tema e assunto no romance de 1930, por exemplo –, mesmo quando se tratava de obras de nacionalismo exacerbado e acrítico, como as do Movimento Verde-Amarelo.

No fundo, essa transição de um para outro projeto ideológico – que jamais é pacífica – pode ser observada na literatura como a passagem de uma consciência ainda amena do atraso (porque, apesar de crítica, ainda esperançosa no "país novo"), quando não a sua interpretação triunfalista, que predominou nos anos 1920 – identificando os problemas do país, mas tratando-os de maneira otimista –, para uma consciência pessimista do subdesenvolvimento predominante nos anos 1930 (LAFETÁ, 2004). Portanto, ainda de acordo com Lafetá,

> se a ideologia do 'país novo' [ratificada pelos modernistas da primeira geração] serve à burguesia (que está em franca ascensão e se prevalece, portanto, de todas as formas – mesmo destrutivas – de otimismo), a consciência (ou a 'pré-consciência') pessimista do subdesenvolvimento não se enquadra dentro dos mesmos esquemas, já que aprofunda contradições insolúveis pelo modelo burguês. (p. 64)

Nesse contexto, quando foi lançado, o que logo chamou a atenção no romance *Vidas secas* foi a opção do escritor por um narrador em terceira pessoa, expressando uma mudança radical em relação aos três romances anteriores, todos eles narrados por uma personagem. A crítica logo notou que se tratava de um livro diferente em vários aspectos; por exemplo, a independência dos capítulos entre si, o que caracteriza uma técnica de montagem típica dos procedimentos estéticos das vanguardas.

Por isso, foi denominado por Rubem Braga (2001) de "romance desmontável", na medida em que a independência dos capítulos permite iniciar a leitura em pontos diferentes da narrativa. Isso possibilita questionar a denominação de romance para essa obra, tendo em vista que o próprio autor declarou tratar-se de um conjunto de contos que, no entanto, adquire densa unidade após sua reunião pela técnica da montagem – reunião essa que não foi aleatória, tendo o escritor garantido certa ordem a essa sucessão de narrativas, que segue uma lógica interna.

Por essa estrutura e pelo modo como o ponto de vista do narrador em terceira pessoa é elaborado, é uma obra inovadora, tanto em relação ao conjunto dos romances de Graciliano Ramos quanto em relação às obras de seus contemporâneos da segunda fase do modernismo brasileiro.

Trata-se de um livro lançado em um momento de transição política marcado pelo avanço no processo de industrialização do País – início do Estado Novo –, ao lado do recrudescimento do problema fundiário, que levou à migração em massa nas áreas do interior, especialmente na região Nordeste.

A análise de *Vidas secas*, à luz dessas informações, que se apresentam como contexto determinante das condições de produção e de recepção da obra, na verdade deve ir além delas, ou seja, ir além do contexto como pano de fundo sócio-histórico "refletido" pela obra literária, para, em sua estrutura, descobrir essa matéria social como elemento determinante do romance e também determinada por ele.

Não apenas esse romance, mas também *Caetés*, *São Bernardo* e *Angústia* trazem para a literatura questões cruciais relativas aos rumos do Brasil, as quais estavam colocadas no horizonte de quem viveu a década de 1930. Eram nessa época talvez ainda embrionárias as características mais marcantes da vida social brasileira, que ganharam vulto principalmente durante o Estado Novo e a partir daí mostraram que a mobilização e a organização das classes populares poderiam forçar a mudança de rumo, ameaçando a tradição oligárquica das relações sociais no Brasil.

Pois bem, por mais que fossem embrionárias, essas formas objetivas da realidade social não deixaram de ser captadas pela literatura da década de 1930, em geral, que denuncia a errância forçada dos pequenos produtores expulsos de suas terras (*O quinze*, de Rachel de Queiroz), representa a tradição oligárquica de posse ilícita da terra (*Terras do sem fim*, de Jorge Amado), tematiza a decadência dos engenhos açucareiros do Nordeste (os romances do ciclo da cana-de-açúcar de José Lins do Rego), analisa o processo de surgimento de um proletariado industrial (*Os corumbas*, de Amando Fontes) ou representa as agruras do proletariado urbano (*Os ratos*, de Dyonélio Machado).

Nesse grupo, penso que Graciliano Ramos se destaca, ao mesmo tempo por não ignorar as narrativas que seus contemporâneos produzem – estabelecendo com elas importante diálogo sobre o problema mesmo da representação e do posicionamento de classe do escritor – e por diferenciar-se deles, ao mostrar surpreendente capacidade de deslocar o ponto de vista de classe de seus narradores.

As relações entre Graciliano e os romancistas de 30 são tratadas a seguir, a partir das questões decorrentes dos processos de ficcionalização da oralidade e das polêmicas empreendidas por esse escritor com seus contemporâneos. Trato também do problema da língua literária nacional, outra polêmica de Graciliano Ramos, agora com escritores da primeira fase do modernismo.

A ficcionalização da oralidade

Um dos maiores problemas que o escritor-mediador precisa encarar é o da linguagem popular. A mediação de duas culturas, uma letrada e outra iletrada, é dialética, porque esses dois contrários se definem apenas em relação um com o outro. A definição da cultura do letrado se faz a partir mesmo de sua imposição sobre a cultura do iletrado; e a definição desta última se faz a partir da resistência que apresenta a essa imposição. Como se vê, a relação entre as duas não se constitui de uma harmonia pré-estabelecida, mas sim do conflito. Então o escritor é um mediador dos conflitos resultantes da relação de dominação estabelecida entre duas culturas: a do colonizador e a do colonizado.

E essa mediação não pode ignorar a relação da literatura – um código do colonizador – com o conjunto das produções culturais do iletrado, entre as quais se inclui o modo como este se relaciona com a língua do colonizador.

No caso dos países latino-americanos de expressão espanhola, os escritores tiveram de encarar o confronto da língua do colonizador com a do colonizado indígena, sendo que esta última possuía, em alguns casos, registros escritos – e narrativas míticas fundadoras –, embora também houvesse populações indígenas ágrafas. Isso resultou em uma literatura heterogênea, ou seja, "uma totalidade contraditória, mas com seus diversos setores em íntima e profunda relação" (VALDÉS, 2000, p. 9). Mas, por mais que assim seja, outro ponto que se coloca, como conseqüência da brutal integração dos povos indígenas ao processo de modernização, é a questão da extinção pura e simples de línguas nativas, como resultado da extinção mesma de populações inteiras. Não há um inventário desse patrimônio cultural desaparecido, mas o escritor latino-americano tem de lidar com seus resíduos.

Também no Brasil ocorre esse fenômeno, como podemos verificar no primeiro momento do processo de colonização, mas com algumas peculiaridades: a cultura ágrafa dos indígenas brasileiros foi sistematicamente neutralizada pela literatura – a par com a eliminação de grandes populações –, que, comprometida com o projeto burguês de nação, atuou como instrumento silenciador dessa cultura e da cultura popular que lhe deu seguimento, tratando de conformá-las aos padrões europeus, em alguns casos, ou de simplesmente ignorá-las como possibilidade constitutiva da nossa nacionalidade.

Guimarães Rosa, por exemplo, empreende a representação da morte de uma cultura – cujo único depositário é o narrador-personagem – no conto "Meu tio o iauaretê"[10], em 1961. Mas, para além da morte desse narrador, de sua língua e de sua cultura, o que se representa nessa narrativa é a perversidade de a fala popular apoderar-se do discurso literário no momento em que se prenuncia sua repressão na história social. Bastos (2004b, p. 115) lembra que esse conto foi produzido no momento de grande mobilização dos trabalhadores rurais para formação das Ligas Camponesas, movimento esse que foi pronta e violentamente reprimido – e suprimido – pela ditadura militar de 1964. Portanto, dar voz ao narrador representante dessa fala popular em extinção é preservá-la na literatura, o que configura uma solução imaginária para um conflito insolúvel na vida social. A perversidade maior é que, se assim não fosse, registro algum restaria dessa cultura, nem na vida social nem na literatura.

Por esses contraditórios caminhos é possível perceber que um gume da literatura se presta ao papel de referendar as construções ideológicas da colonização, mas o outro faz emergir essa cultura oral sufocada, que vem se sedimentando como matéria reprimida e se manifesta inquietantemente por entre as fraturas do projeto de nação que a literatura representa. Diante disso, evidentemente, os escritores, em diversos momentos históricos desse processo, posicionam-se de diferentes maneiras em relação à literatura enquanto manifestação cultural da classe letrada e à invasão de seu espaço pelas vozes da classe iletrada. Em alguns casos, pode-se apreender o nítido desejo do escritor de proceder ao "resgate" puro e simples das

---

[10] In: *Estas estórias*. 5. ed. Rio de Janeiro: Nova Fronteira, 2001.

formas orais sufocadas no processo de dominação. Por isso muitas vezes tenta dialogar com a cultura do iletrado, buscando trazer o discurso do excluído para dentro da obra literária e, assim, concedendo o espaço para a manifestação de sua voz. E essa voz que se manifesta então pode ser representada na linguagem escrita da literatura de duas formas: pela notação fiel da fala da personagem iletrada ou por sua adaptação pelo narrador.

Quando Candido (2002) trata desse problema, mostra que cada uma dessas opções contém um sentido, estreitamente relacionado ao modo como o narrador assume sua posição de classe na narrativa. Se opta pela notação pura e simples, está tratando de demarcar fronteiras entre sua cultura e a do iletrado – e exercendo o poder que lhe confere sua posição como proprietário do espaço discursivo. Se opta por adaptar o discurso da personagem iletrada ao seu próprio, registrando modificações de ritmo, vocabulário e prosódia, por exemplo, está promovendo a aproximação entre os dois discursos – o do narrador letrado e o da personagem iletrada – e, com isso, mostrando que podem haver pontos de identificação entre eles. No primeiro caso, estamos diante de um processo que reifica a relação entre narrador e personagem – reproduzindo na narrativa as relações de produção que marcam o processo social. No segundo caso, o que temos é a humanização da personagem e um ganho de autenticidade da narrativa na representação de seres realmente humanos.

Candido usa como exemplos dessas opções as narrativas de dois escritores da região Sul: Coelho Neto, de cuja obra uma pequena parte é de cunho regionalista, e Simões Lopes Neto, cuja obra é toda de caráter regional. O primeiro procede à notação da fala da personagem "inculta" utilizando a escrita fonética, porém sem nenhum rigor. Misturam-se aos vocábulos foneticamente grafados outros, visivelmente de domínio do narrador "culto", o que termina por comprometer a autenticidade da narrativa. Trata-se de "uma técnica ideológica inconsciente para aumentar a distância erudita do autor, que quer ficar com o requinte gramatical e acadêmico, e confinar a personagem rústica, por meio de um ridículo patuá pseudo-realista [...]" (CANDIDO, 2002, p. 89). De Coelho Neto, Candido analisa o conto "Mandoví", evidenciando que a "performance fônica" de seu narrador esbarra nos limites da posição de classe do escritor, para a qual é inadmissível qualquer aproximação que sugira tratamento igualitário à personagem "inculta". Assim na literatura, assim na vida social.

Esta é uma crítica que se aplica à quase totalidade das obras do regionalismo tradicional:

> Com efeito, ao narrador ou personagem cultos, de classe superior, é reservada a integridade do discurso, que se traduz pela grafia convencional, indicadora da norma culta. Nos livros regionalistas, o homem de posição social mais elevada nunca tem sotaque, não apresenta peculiaridades de pronúncia, não deforma as palavras, que, na sua boca, assumem o estado ideal de dicionário. Quando, ao contrário, marca o desvio da norma no homem rural pobre, o escritor dá ao nível fônico um aspecto quase teratológico, que contamina todo o discurso e situa o emissor como um ser à parte, um espetáculo pitoresco como as árvores e os bichos, feito para contemplação ou divertimento do homem culto, que deste modo se sente confirmado na sua superioridade. (p. 90)

Em vista disso, "o Regionalismo é uma falsa admissão do homem rural ao universo dos valores éticos e estéticos" (p. 90).

Já Simões Lopes Neto procede de modo oposto ao de Coelho Neto, nas narrativas em que adota um narrador situado dentro do próprio enredo, o qual fala a partir da comunidade lingüística da personagem rústica:

> Com a utilização do narrador fictício fica evitada a situação de dualidade, porque não há diferença de cultura entre quem narra e quem é objeto da narrativa. No entanto, aí está um ritmo *diferente*, estão certos vocábulos reveladores e ligeiras deformações prosódicas, construindo uma fala gaúcha estilizada e convincente, mas ao mesmo tempo literária, esteticamente válida. (p. 92)

Essa comparação dos dois escritores revela que o segundo atingiu alto nível de autenticidade em suas narrativas porque, ao contrário do primeiro, encarou e tratou a fala da personagem "inculta" como o que ela realmente é nos processos de figuração do outro de classe: um problema.

Isso mostra que, em princípio, os escritores reproduzem com facilidade a fala das personagens cultas, na medida em que é mais aceita pelo senso comum a proximidade entre a fala e a escrita do instruído, embora se saiba que nem nesse caso a correspondência é total. A questão reside em que a fala do letrado, por sua posição de classe, não necessita ser ficcionalizada, porque se trata da figuração do mesmo de classe. O problema, então, é a figuração não apenas da fala da personagem "inculta", mas a representação mesma do outro de classe, que reivindica visibilidade na narrativa.

Segundo Bueno (2002, p. 256), o romance da segunda fase do modernismo, denominado romance de 30, desenvolve-se em três tempos distintos, distribuídos ao longo daquela década: a primeira (1930-1932) se caracteriza por uma profunda indefinição política, na sociedade como na literatura. Surgem os primeiros romances que tentam operar uma figuração do outro, mas acabam por resvalar para uma visão ingênua, que tematiza a força da ligação do homem com a terra, como acontece em *O quinze*, de Rachel de Queiroz. Nessa narrativa, tanto o sertanejo retirante quanto o proprietário de terra são enfocados sob a ótica dessa ligação, não pelo problema da seca e, muito menos ainda, pela questão da concentração da terra. A expressão oral desse retirante é registrada de forma irregular: às vezes pela fiel notação fono-lexical, às vezes pelo registro culto. Em suma, as duas formas criam apenas a ilusão do resgate da oralidade popular, porque são elaboradas por um narrador que evidencia sua distância desse outro que tenta figurar. É nesse momento que surge também *Menino de engenho*, de José Lins do Rego, que tem antes a pretensão de representar o pobre (pela visão do narrador) do que de ceder espaço na narrativa para a figuração do seu ponto de vista de classe.

O segundo momento do romance de 1930 (1933-1936) marca o surgimento do "romance proletário", em uma fase de grande polarização política, social e literária. É quando essa figuração do outro de classe se intensifica na produção romanesca, com muita teorização sobre a necessidade histórica de "valorização da massa em detrimento do indivíduo, rebeldia, descrição veraz da vida proletária", bem como superação do "senso de imoralidade" da sociedade burguesa (BUENO, 2002, p. 262). Nesse sentido, a figuração do outro pela literatura adquire estatuto de problema:

> Os romancistas mais consistentes da década perceberam a complexidade desse problema, jamais deixando de ver que há uma distância difícil de percorrer até o outro. Esses autores – como Dyonélio Machado, Cyro dos Anjos, Cornélio Penna e, mais que todos, Graciliano Ramos – viram que o problema da figuração do outro só poderia ser tratado com rendimento se fosse encarado exatamente como o que era: um problema. Não há soluções fáceis. (p. 263)

Esse momento mostra que havia intensa polarização ideológica entre os escritores, tanto entre os do "Norte e do Sul" quanto entre os do romance social (urbano e rural) e os do romance intimista. Na verdade, o centro da disputa parecia ser mesmo entre esses dois últimos, porquanto alguns autores do romance intimista eram assumidamente católicos e não negavam a ligação entre catolicismo e integralismo. Por isso foram alvo, em vários artigos de jornais e/ou prefácios de livros, da crítica de Jorge Amado e Graciliano Ramos, os quais também criticaram.

Vidas secas é lançado no terceiro momento do romance de 30 (1937-1939), caracterizado como o período em que começa a se arrefecer o interesse pelo romance social, com visível suavização das polêmicas do momento anterior. Por isso, uma parte da crítica sublinhou seu "atraso" na cena literária brasileira, por um suposto esgotamento desse tipo de narrativa. Esse terceiro momento abrigou a mudança de rumo da narrativa brasileira, sinalizada pelos romances *A estrela sobe*, de Marques Rebelo, e *Amanhecer*, de Lúcia Miguel Pereira, que fecham a produção literária do decênio sob o signo da incerteza e da dor: "É esse o alvorecer da nova década que o romance brasileiro desenha: o da ditadura e o da ameaça da vitória nazista numa guerra de impensável violência" (p. 283).

Voltando-se o foco para o segundo momento do romance de 30 temos maior clareza do tipo de polêmica que Graciliano trava com seus contemporâneos, além daquela de cunho propriamente ideológico – sempre em relação com a literatura – que travou com os autores do romance intimista. Não se pode negar que a representação da voz do dominado, em alguns romancistas de 30, por não ser problematizada, foi objeto de soluções fáceis. Por exemplo, em *O quinze*, o registro da voz do retirante pobre oscila entre a reprodução fonética e o mesmo registro culto do narrador, o que faz parecer forçados tanto o distanciamento ocasional quanto a aproximação entre narrador e personagens. Em Jorge Amado, notadamente em *Cacau*, esse problema sequer foi considerado, frente ao objetivo político declarado da obra, que foi trazer à luz a vida daqueles trabalhadores presos nas fazendas de cacau do sul da Bahia.

Mas essa questão parece ter incomodado Graciliano Ramos em todas as suas obras de ficção. A modulação dos pontos de vista dos narradores, nos romances de primeira pessoa, é já um sinal de inquietação do escritor com a questão da linguagem pelo foco da classe social. Há diferenças entre eles, correspondentes a suas trajetórias de vida dentro da visão de mundo da classe a que pertencem, por isso esses narradores não chegaram a constituir uma figuração de um outro de classe totalmente desconhecido. Mas em *Vidas secas*, não. Nesse romance, essa figuração traz para a narrativa um ser social que parece desconhecido, do qual o narrador em terceira pessoa tenta se apoderar, para poder reconhecê-lo como ser humano. Eis o porquê de se estabelecer uma relação complexa entre narrador e personagem, que parece alternar aproximação e afastamento com uma linguagem que busca todo o tempo superar a dificuldade de representação de uma das personagens em especial: Fabiano.

São treze capítulos que compõem o todo da estrutura circular da narrativa, que contudo é "desmontável", como já foi dito. A "reunião de contos" sem unidade, vista em 1947 por Álvaro Lins (In: RAMOS, 2000), na verdade revela a mestria do escritor em utilizar a técnica da montagem, pela superposição de segmentos narrativos e com a supressão dos elementos de ligação entre eles. Essa técnica não compromete a visão da totalidade que esses segmentos compõem, porque esse procedimento permite ao leitor, justamente, a melhor compreensão das partes em sua relação com o todo. Ao mesmo tempo, evidencia que essa visão de totalidade não está disponível para as personagens: estas vagam sem rumo certo, expulsas de um chão que não lhes pertence, sujeitadas por uma ordem social que não apreendem. Então não se trata mais apenas da totalidade do romance, mas da totalidade da vida social que as personagens não logram vislumbrar. Isso é uma ruptura com o paradigma de valorização do nexo causal adotado pelo romance de 30, num diálogo crítico que se faz pela práxis literária, e não pelo discurso sobre como a literatura deve lidar com essas questões.

A linguagem é seca, lacônica, comprimida, *reduzida* ao essencial, como grande parte da crítica já escreveu. É a linguagem da escassez, que de tão grande – a escassez – chega a ser excessiva, hiperbólica. Um barroquismo às avessas?

A viagem começa e termina no mesmo ponto. Circularidade das tarefas de Sísifo, e também do Uroboro, réptil que morde a própria cauda. Anel de ferro que prende as personagens, disse Antonio Candido. É um "romance da seca", mas não exclusivamente. Nele, a seca como tragédia que se abate sobre o sertanejo é uma condição natural, cujas conseqüências se repetem porque se repetem indefinidamente as condições sociais. Ou porque se repete, geração após geração, uma tradição de mando que perpetua essas condições sociais: *a condição colonial*, que se reproduz e persiste no interior do projeto modernizador. Então não se trata apenas de um romance da seca, mas de uma narrativa da colonização, que o processo de modernização não logrou superar.

Dos "seis viventes" que iniciaram a viagem, um – o papagaio – foi devorado. Bicho exótico, admirado pelo colonizador europeu pela plumagem e por imitar sua fala, seu sacrifício adquire sentido ritual: matá-lo e comê-lo indica a crítica ao padrão europeu de linguagem. Ou, na relação homológica com a vida social, crítica da linguagem do dominador. Insere-se, nesse sentido, na polêmica que Graciliano estabelece com o Modernismo da primeira fase, do qual trato na terceira parte deste Capítulo, "A língua literária nacional".

Candido nota que, em *Vidas secas*,

> Graciliano Ramos usou um discurso especial, que não é monólogo interior e não é também intromissão narrativa por meio de um discurso indireto simples. Ele trabalhou como uma espécie de *procurador do personagem*, que está legalmente presente, mas ao mesmo tempo ausente. O narrador não quer identificar-se ao personagem, por isso há na sua voz uma certa objetividade de relator. Mas quer fazer as vezes do personagem, de modo que, sem perder a própria identidade, sugere a dele. Resulta uma realidade honesta, sem subterfúgios nem ilusionismo, mas que funciona como realidade possível. (1992, p. 106-107. Grifos do autor)

Nesse caso, se o narrador é o procurador da personagem, não é possível separar um do outro, porque ambos compartilham o mesmo discurso. Na tendência à redução, que marca o processo de fatura da obra, a voz do narrador vai sendo gradativamente suprimida, e o silêncio de Fabiano vai ocupando o espaço da narrativa. Isso resulta da capacidade que tem esse narrador de deslocar seu ponto de vista para a perspectiva da personagem, sinalizando uma experiência radical de posicionamento de classe.

Já se produziram vários estudos sobre as técnicas narrativas dos estilos direto, indireto e indireto-livre na representação das falas das personagens em *Vidas secas*. Malard (1976) destaca "o parcimonioso emprego do discurso direto" nessa obra: "das 79 falas introduzidas por travessão, 16 são meras interjeições, 10 são interrogações, das quais oito não obtêm resposta de forma alguma, e quatro são falas sem sentido. [...] várias dessas falas são reiterações, como a interjeição *An!*, repetida oito vezes, isolada" (p. 102). Também Freixieiro (1977) organizou os tipos de enunciados em estilo indireto livre nesse romance ("puro" e "expressivo"), associando-os a diferentes situações narrativas. Importa ver também como o uso desse recurso estilístico representa a relação que se estabelece entre o narrador e a personagem.

Bakhtin, ao tratar dos gêneros do discurso e, no interior destes, do enunciado como unidade da comunicação verbal, afirma que

> em todo enunciado, contanto que o examinemos com apuro, levando em conta as condições concretas da comunicação verbal, descobriremos as palavras do outro ocultas ou semi-ocultas, e com graus diferentes de alteridade. Dir-se-ia que um enunciado é sulcado pela ressonância longínqua e quase inaudível da alternância dos sujeitos falantes e pelos matizes dialógicos, pelas fronteiras extremamente tênues entre os enunciados e totalmente permeáveis à expressividade do autor. (BAKHTIN, 2000, p. 318)

De acordo com essa concepção, o discurso indireto livre (penso que a distinção entre puro e expressivo nessa análise é desnecessária), enquanto técnica – entre outras da forma romance – pertencente ao narrador, vai sendo progressivamente contaminado pelo silêncio de Fabiano. Em vez de a personagem usufruir de um discurso desenvolto, concessão de um narrador empenhado em que a maioria explorada se manifeste abertamente na narrativa, o que se processa, de início, é uma timidez recíproca. Nem Fabiano invade descaradamente o espaço discursivo do narrador, nem o narrador atribui despudoradamente à personagem um discurso eivado por seu vocabulário culto:

> Se pudesse economizar durante alguns meses, levantaria a cabeça. Forjara planos. *Tolice, quem é do chão não se trepa.* Consumidos os legumes, roídas as espigas de milho, recorria à gaveta do amo, cedia por preço baixo o produto das sortes. Resmungava, rezingava, numa aflição, tentando espichar os recursos minguados, engasgava-se, engolia

em seco. Transigindo com outro, não seria roubado tão descaradamente. Mas receava ser expulso da fazenda. E rendia-se. Aceitava o cobre e ouvia conselhos. *Era bom pensar no futuro, criar juízo.*[11]

Os trechos destacados mostram apenas dois momentos em que o uso do discurso indireto livre aproxima narrador e personagem, mas com uma intensidade tal que extrapola o uso convencional dessa técnica. Note-se a dificuldade até mesmo em identificar a quem pertence o segundo enunciado em itálico – se a Fabiano, se ao patrão.

Penso que esse compartilhamento do discurso narrativo pelo narrador e pela personagem – que se apresenta por meio de uma contaminação discursiva recíproca – constitui um modo específico de esse narrador lidar com o discurso do outro, que nesse caso apresenta, além de outros atributos, a diferenciação pela classe social a que pertence, em cuja perspectiva o narrador tenta se colocar:

> A estrutura da sociedade em classes introduz nos gêneros do discurso e nos estilos uma extraordinária diferenciação que se opera de acordo com o título, a posição, a categoria, a importância conferida pela fortuna privada ou pela notoriedade pública, pela idade do destinatário e, de modo correlato, de acordo com a situação do próprio locutor (ou escritor). (BAKHTIN, 2000, p. 322)

Nesse sentido, identifico, nos trechos em que a autoria do enunciado pode ser atribuída tanto ao narrador quanto à personagem, "a expressão de outrem" de que fala Bakthtin,

> enquanto *expressão* que caracteriza não só o objeto do discurso [...] mas ainda *o próprio falante*: sua maneira de falar (individual, ou tipológica, ou ambas); seu estado de espírito, expresso não no conteúdo mas nas formas do discurso (por exemplo, a fala entrecortada, a escolha da ordem das palavras, a entoação expressiva, etc.); sua capacidade ou incapacidade de exprimir-se bem, etc. (BAKHTIN, 1986, p. 160, itálicos do autor)

Mas é mais do que isso: trata-se, no caso de *Vidas secas*, do fato de que "cada palavra dessa narrativa *pertence simultaneamente* [...] *a dois contextos*

---

[11] RAMOS, 2000, p. 92. Grifos meus. As citações dessa obra serão indicadas entre parênteses pelas iniciais *VS*, seguidas do número da página da qual foram extraídas.

que se entrecruzam, a dois discursos" (p. 169): o do narrador e o de Fabiano. A isso se deve a interferência do silêncio – que é também um gênero discursivo – no enunciado do narrador. Daí o caráter híbrido dos enunciados do romance, pois eles servem "a dois senhores, pertencendo ao mesmo tempo a dois discursos" (p. 170).

No capítulo "O mundo coberto de penas", temos um momento em que a consciência do narrador se funde à da personagem, tornando impossível identificar o *locus* da enunciação, embora o enunciado contenha sinais de emissão pelo narrador. Com esse procedimento, o narrador expõe, ao mesmo tempo, o diferente e o idêntico – aquele que, na vida social, é distinto de si, mas, simultaneamente, é também indistinto, na medida em que também participa do ato enunciativo. Trata-se do momento em que Fabiano, pelo raciocínio dedutivo, descobre a lógica que explica seu mundo de escassez:

> Como era que sinha Vitória tinha dito? A frase dela tornou ao espírito de Fabiano e logo a significação apareceu. *As arribações bebiam a água. Bem. O gado curtia sede e morria. Muito bem. As arribações matavam o gado. Estava certo. Matutando, a gente via que era assim,* mas sinha Vitória largava tiradas embaraçosas. Agora Fabiano percebia o que ela queria dizer. (*VS*, 109. Grifos meus)

Essa lógica descoberta pela personagem se estende também ao mundo social e é narrada no âmbito da dialética que envolve narrador e personagem: distinção x indistinção. Para a compreensão do silogismo criado por sinha Vitória, a vivência anterior de Fabiano é decisiva: o recuo na memória é indispensável e associa o misto de ódio e medo que Fabiano sente pelas aves de arribação ao que ele manifesta pelo soldado amarelo, como mostra o capítulo "Festa":

> Foi beber cachaça numa tolda, voltou, pôs-se a rondar indeciso, pedindo com os olhos a opinião da mulher. Sinha Vitória fez um gesto de reprovação, e Fabiano retirou-se, lembrando-se do jogo que tivera em casa de seu Inácio, com o soldado amarelo. *Fora roubado, com certeza fora roubado.* Avizinhou-se da tolda e bebeu mais cachaça.
>
> [...] Estava resolvido a fazer uma asneira. Se topasse o soldado amarelo esbodegava-se com ele. Andou entre as barracas, emproado, atirando coices no chão, insensível às esfoladuras nos pés. *Queria era*

> *desgraçar-se, dar um pano de amostra àquele safado.* Não ligava importância à mulher e aos filhos, que o seguiam.
>
> – Apareça um homem! berrou.
>
> [...] Estava disposto a esbagaçar-se, mas havia nele um resto de prudência. [...] Impelido por forças opostas, expunha-se e acautelava-se. Sabia que aquela explosão era perigosa, temia que o soldado amarelo surgisse de repente, viesse plantar-lhe no pé a reiúna. *O soldado amarelo, falto de substância, ganhava fumaça na companhia dos parceiros. Era bom evitá-lo.* Mas a lembrança dele tornava-se às vezes horrível. E Fabiano estava tirando uma desforra. (*VS*, 78. Grifos meus)

As expressões em itálico indicam momentos em que o narrador e a personagem compartilham o discurso, provocando a já mencionada indistinção, ela também uma das marcas do posicionamento de classe do escritor. Não é possível determinar com segurança se quem emite o juízo de valor em "O soldado amarelo, falto de substância, ganhava fumaça na companhia dos parceiros. Era bom evitá-lo." é o narrador ou a personagem.

Por isso entendo que o raciocínio elaborado por Fabiano para apreender a relação entre as aves de arribação e a morte do gado é válido também para a relação entre o soldado amarelo e o próprio Fabiano. É inútil matar o soldado, assim como é inútil matar as aves de arribação, porque logo aparecem milhares iguais a elas. Então a eliminação pura e simples do soldado não basta, como nos mostra um raro monólogo que, à primeira vista, parece pertencer a Fabiano, enunciado em discurso direto:

> – Fabiano, meu filho, tem coragem. Tem vergonha, Fabiano. Mata o soldado amarelo. *Os soldados amarelos são uns desgraçados que precisam morrer. Mata o soldado amarelo e os que mandam nele.* (*VS*, 111. Grifos meus)

Uma espécie de consciência do processo social insinua-se no discurso de Fabiano, que percebe a existência de uma hierarquia maior que a instituição policial – "os que mandam nele". E isso se dá porque nesse monólogo ocorre um fenômeno discursivo raro na literatura brasileira, quando Fabiano parece se dirigir a si mesmo, usando os verbos no imperativo, *como se* falasse a uma segunda pessoa, um receptor de seu próprio enunciado.

Se considerarmos que esse enunciado é, como os demais, compartilhado pela personagem e pelo narrador, então veremos que se trata de um momento discursivo essencialmente plurilíngüe, em que se entrecruzam, no interior de um só discurso, as emissões de vários enunciadores – o narrador, o escritor instituído como personagem de sua narração, a esquerda brasileira da década de 1930 e o próprio Fabiano. Trata-se de um momento em que se generaliza no pensamento de esquerda a convicção de que, para mudar o país, não basta combater o opressor imediatamente identificável: é necessário desmontar a estrutura de poder que lhe dá sustentação. Daí a ênfase na expressão "e os que mandam nele".

Temos nesse caso uma *interferência discursiva inversa*: agora é o discurso do narrador que invade o silêncio da personagem, obrigando-a a falar. E Fabiano fala, mesmo que para isso o autor tenha que encenar um emissor do qual a personagem recebe ordens. Mas não fala sozinho, porque compartilha seu discurso, como mostra o trecho em itálico ("Os soldados amarelos são uns desgraçados que precisam morrer."), no qual podemos apreender também o posicionamento de classe do narrador, em decorrência, novamente, da indistinção induzida e provocada pelo procedimento discursivo.

É ainda nesse monólogo que o leitor recebe uma explicação para a atitude de Fabiano, quando, no capítulo anterior ("O soldado amarelo"), teve a oportunidade de se vingar das humilhações sofridas, matando o soldado amarelo, mas não o fez:

> Vacilou e coçou a testa. *Havia muitos bichinhos assim ruins, havia um horror de bichinhos assim fracos e ruins.*
>
> Afastou-se, inquieto. Vendo-o acanalhado e ordeiro, o soldado ganhou coragem, avançou, pisou firme, perguntou o caminho. E Fabiano tirou o chapéu de couro.
>
> – Governo é governo.
>
> Tirou o chapéu de couro, curvou-se e ensinou o caminho ao soldado amarelo. (*VS*, 107. Grifos meus)

De fato, soldados amarelos e aves de arribação igualam-se na ruindade, como indica o trecho em itálico, mais um enunciado compartilhado por narrador e personagem. Fabiano já sabia que de nada adiantaria matar *um* soldado, e essa consciência será mostrada ao leitor apenas no capítulo seguinte, como destaquei na citação anterior a esta. Lá, o leitor que tenta adotar a perspectiva de Fabiano poderá arrefecer a indignação provocada pela expressão "curvou-se". Isso porque perceberá que o enunciado de Fabiano – "Governo é governo." – demonstra que sua percepção da hierarquia social não se restringe à esfera da repressão policial, mas estende-se à ação mais ampla do aparelho estatal. Aliás, essa percepção começara a se formar no capítulo "Cadeia", quando, atirado contra o jatobá da praça pela violência do soldado amarelo, vê a cena cotidiana da cidade, pela qual circulam representantes dos poderes instituídos:

> A feira se desmanchava; escurecia; o homem da iluminação, trepando numa escada, acendia os lampiões. A estrela papa-ceia branqueou por cima da torre da igreja; *o doutor juiz de direito* foi brilhar na porta da farmácia; o cobrador da prefeitura passou coxeando, com os talões de recibos debaixo do braço; a carroça de lixo rolou na praça recolhendo cascas de frutas; *seu vigário* saiu de casa e abriu o guarda-chuva por causa do sereno; sinha Rita Louceiro retirou-se. (*VS*, 28-9. Grifos meus)

Como se pode constatar, a percepção da hierarquia social por Fabiano, a partir de personagens que são representações do poder coercitivo do Estado, ocorre ao longo de toda a narrativa. O capítulo "O mundo coberto de penas" representará sua culminação, após perpassar vários outros capítulos.

A escassez de enunciados em discurso direto, já mencionada, é indicadora do silêncio das personagens de *Vidas secas*. Sua incapacidade de se comunicar decorre de sua condição de embrutecimento e do medo de que as palavras se voltem contra elas. Há momentos em que tentam reapropriar-se da linguagem de que foram espoliados – como mostra a intimidade familiar representada no capítulo "Inverno" –, mas no espaço externo a essa intimidade esse impulso se dilui nas relações do cotidiano, pautadas pela timidez, pela intimidação, pelo receio. Para Candido é disso que resulta "[...] a força com que [o romance] transcende o realismo descritivo, para desvendar o universo mental de criaturas cujo silêncio ou inabilidade verbal leva o narrador a inventar para elas um expressivo universo interior, por meio do discurso indireto [...]" (1992, p. 104-105). Ao mesmo tempo, o silêncio das personagens contamina esse discurso indireto do narrador, o que faz com que certa sensação de incômodo aflore no fluxo discursivo.

Disso resulta também o incômodo da escrita, por parte do narrador, que se manifesta em diferentes momentos, por meio dos enunciados pelos quais se dá a contaminação de seu discurso pelo silêncio de Fabiano, o que sugere que, além da linguagem, compartilha com ele o mesmo sentimento de inadequação: "Fazia até nojo pessoas importantes se ocuparem com semelhantes porcarias." (*VS*, 96) O fato de esse enunciado poder pertencer tanto a um como a outro coloca em questão a tradicional neutralidade atribuída ao narrador de terceira pessoa.

Não afirmo, entretanto, que se trata de uma falsa terceira pessoa, como freqüentemente se verifica em narrativas intimistas, mas que se trata de uma *falsa neutralidade*, como bem notou Candido (1992, p. 87), na medida em que esse narrador, ao mesmo tempo em que transmite sua visão da intrínseca relação entre o homem e a terra, ativa uma certa transitividade, que lhe permite penetrar na interioridade das personagens. Consegue, assim, figurá-las como portadoras de uma psicologia que o preconceito de classe sequer admite existir: o crítico Álvaro Lins, por exemplo, viu como "defeito" de *Vidas secas* a excessiva introspecção psicológica, incompatível com a rudeza e o primitivismo das personagens (LINS, 2000, p. 152). Por sua vez, Lúcia Miguel Pereira, citada por Candido (1992, p. 104), destaca no romance o mais difícil de se realizar literariamente, que é explorar a complexidade de personagens incapazes de "analisar os próprios sentimentos" e extrair daí "um romance onde palpita a vida – a vida que é a mesma em todas as classes e todos os climas" (PEREIRA, 2005, p. 150).

Isso se viabiliza exatamente porque o narrador desloca o ponto de vista da narração: em vez de contar a história exclusivamente a partir do *locus* de detentor do poder da linguagem – e, portanto, da classe dominante –, fá-lo a partir da perspectiva do dominado. Então é perfeitamente plausível a idéia de que Fabiano e sua família – até mesmo os filhos não nomeados no romance – possuem vida interior, que é perscrutada pelo narrador na medida em que abre mão de exercer seu poder sobre a narrativa e age como *procurador*, o que lhe faculta o acesso à visão de mundo de seu outro de classe. Por isso se apresenta Fabiano ao leitor como um ser social atormentado por sua condição, a ponto de vacilar em seu processo de auto-reconhecimento:

– Fabiano, você é um homem, exclamou em voz alta.

> Conteve-se, notou que os meninos estavam perto, com certeza iam admirar-se ouvindo-o falar só. E pensando bem, ele não era homem: era apenas um cabra ocupado em guardar coisas dos outros. [...]
>
> Olhou em torno, com receio de que, fora os meninos, alguém tivesse percebido a frase imprudente. Corrigiu-a, murmurando:
>
> – Você é um bicho, Fabiano.
>
> Isto para ele era motivo de orgulho. Sim senhor, um bicho, capaz de vencer dificuldades. [...]
>
> – Um homem, Fabiano.
>
> Coçou o queixo cabeludo, parou, reacendeu o cigarro. Não, provavelmente não seria homem: seria aquilo mesmo a vida inteira, cabra, governado pelos brancos, quase uma rês na fazenda alheia. (*VS*, 18, 24)

Merece reflexão a possibilidade de que "alguém tivesse percebido a frase imprudente". Sabedor de que naqueles ermos só existiam o vaqueiro e sua família, Fabiano parece despropositar nessa preocupação. De que "alguém" se trata? Penso que essa expressão evidencia uma complicada relação entre narrador e personagem, que não exclui o jogo de esquivanças e negaças e às vezes mostra um certo desconforto. O "alguém" que poderia flagrar Fabiano no ato de pensar é apenas um: o narrador, que, pelo estatuto da narrativa realista tradicional, é o observador que pode também julgá-lo ou ridicularizá-lo. É natural e próprio de sua humanidade, então, temer esse julgamento – que o narrador de *Vidas secas*, por seu lado, demonstra também recusar.

Assim se representa a condição de Fabiano, que ora se reafirma como portador de uma humanidade que não lhe pode ser retirada, ora se reconhece como alguém sem domínio sobre o próprio destino:

> [...] O gado aumentava, o serviço ia bem, mas o proprietário descompunha o vaqueiro. Natural. [...] Mentalmente jurava não emendar nada, porque estava tudo em ordem, e o amo só queria mostrar autoridade, gritar que era o dono. Quem tinha dúvida?
>
> Fabiano, uma coisa da fazenda, um traste, seria despedido quando menos esperasse. Ao ser contratado, recebera o cavalo de fábrica, perneiras, gibão, guarda-peito e sapatões de couro cru, mas ao sair largaria tudo ao vaqueiro que o substituísse. (*VS*, 23)

Ao mesmo tempo em que preserva esse mudo inconformismo, o vaqueiro desenvolve a noção do perigo que certos empreendimentos representam, quando afrontam interesses daqueles de que depende; e isso é reproduzido nas relações entre os adultos e as crianças. "Esses capetas têm idéias...", pensa Fabiano quando, inquirido pelo filho e sem saber a resposta a sua pergunta, dá-lhe repreensão: "O menino estava ficando muito curioso, muito enxerido. Se continuasse assim, metido com o que não era da conta dele, como iria acabar?". E o modo de preservar os filhos dos perigos previstos nas relações com as pessoas "de fora" da família era ensinando-lhes a se calar, a não pensar, por meio de cascudos, coques, pescoções e repreensões. Quando o menino mais velho quer saber o significado da palavra "inferno" e não se contenta com as definições incompletas de sinha Vitória, recebe um cocorote.

Esses comportamentos evidenciam a introjeção de uma ordem estabelecida, pela qual "o castigo, o medo de sua repetição, produz encolhimento e silêncio, ensina fingimento e hipocrisia. Sufoca e recalca" (GARBUGLIO, 1987, p. 368). Trata-se da reprodução do processo de dominação: "Reagindo ao estímulo geral o adulto não escapa ao enquadramento: pancada para fazer calar e encolher-se. Ao proceder assim, sinha Vitória responde, ela também, aos estímulos acumulados, pelos quais condicionou e modelou suas reações, obediente à prática em que crescera" (p. 368). Isso porque a pergunta da criança representa uma possibilidade ameaçadora de alteração da ordem. Portanto, "reproduzindo o comportamento adquirido, o gesto [de sinha Vitória e de Fabiano] copia os atos ordinários do meio e ajuda assim a manter aquele distanciamento, que se sustenta e prolonga sem despertar a consciência do ato" (p. 369).

Estabelece-se assim um processo circular, em que a sensação de perigo produz o silêncio ou a comunicação por meio de parco vocabulário, que, por sua vez, produz isolamento. O isolamento do vaqueiro e sua família e a carência material a que são submetidos produzem e justificam o mutismo de todos eles. Nem o papagaio, que possuíam no início da viagem, falava. Destituídos dos direitos básicos de terra, pão e trabalho, amargando uma clausura imposta pela estrutura fundiária que os obriga a vagar sozinhos por longas distâncias, parando aqui e acolá, durante as tréguas da seca, para cuidar de uma propriedade alheia, as personagens desenvolvem uma estratégia de autodefesa pelo silêncio:

É forma de reação e defesa, pela sabedoria experimentada de que a fala, como meio de afirmação, provoca a ira dos poderosos. Nessa esfera não existe ação isenta de reação, pois a simples suposição de que o normativo possa ser violado desencadeia as sanções que têm o fim expresso de impedir a quebra do estatuído e do consagrado. A garantia de continuidade do privilégio, do direito de voz e domínio encontra assim explicações históricas que ajudam a compreender melhor os sobressaltos da atualidade, em que o silêncio da grande maioria corresponde ao grito e à mentira dos que estão encastelados no poder e se negam a ouvir qualquer outra voz que não seja o eco da que proferem. (GARBUGLIO, 1987, p. 368)

A autodefesa faz com que até mesmo o narrador sinta a dificuldade e o incômodo de penetrar no psiquismo dessas personagens, que nos sonegam tanto as palavras quanto os pensamentos. Isso explica a opção do escritor por esse narrador marcado pela falsa neutralidade: não haveria outro modo de desvendar o universo de Fabiano e sua família se não fosse por meio de uma relação caracterizada pelo compartilhamento da perspectiva de classe e da linguagem. Não por acaso, o capítulo "O soldado amarelo" apresenta maior número de ocorrências discursivas nas quais se confundem os emissores dos enunciados:

> [...] *Medo daquilo? Nunca vira uma pessoa tremer assim. Cachorro. Ele não era dunga na cidade? Não pisava os pés dos matutos, na feira? Não botava gente na cadeia? Sem-vergonha, mofino.*
>
> Irritou-se. Por que seria que aquele safado batia os dentes como um caititu? Não via que ele era incapaz de vingar-se? *Não via?* Fechou a cara. A idéia do perigo ia-se sumindo. *Que perigo?* [...]
>
> [...] Podia matá-lo com as unhas. Lembrou-se da surra que levara e da noite passada na cadeia. *Sim senhor.* Aquilo ganhava dinheiro para maltratar as criaturas inofensivas. *Estava certo?* O rosto de Fabiano contraía-se, medonho, mais feio que um focinho. *Hem? Estava certo? Bulir com as pessoas que não fazem mal a ninguém. Por quê?* Sufocava-se, as rugas da testa aprofundavam-se, os pequenos olhos azuis abriam-se demais, numa interrogação dolorosa. (*VS*, 100-101. Grifos meus)

Esse incômodo do narrador se torna tanto mais claro ao leitor quanto mais se estreita sua relação de compartilhamento com a personagem. Pertencem-lhe também, portanto, os xingamentos de Fabiano ao soldado amarelo (vide itálicos acima). Por isso é que o silêncio de Fabiano – sintoma não apenas de sua rudeza – é também discurso, carregado de significados que esse narrador apreende e que determinam, por fim, suas escolhas formais no desenvolvimento da narração.

Em uma das poucas vezes em que a família se desloca à cidade evidenciam-se o desconforto, a inadequação, o estranhamento e o constrangimento com que se relacionam com as pessoas e as coisas. O capítulo "Festa" mostra toda a dificuldade dos matutos em se deslocarem, o desconforto com as apertadas roupas feitas sob medida – por causa da falta de confiança em sinha Terta –, o sofrimento causado pelos sapatos, retirados durante a viagem e colocados com muito esforço já nas proximidades da cidade, enfim, tudo o que concorre para que Fabiano e sua família entrem no ambiente da festa religiosa já com a sensação de desvantagem – ou sentimento de inferioridade – em relação às outras pessoas: "Sinha Vitória caminhava aos tombos, por causa dos saltos dos sapatos [...]. Fabiano marchava teso [...] ". Os dois meninos "pisavam devagar, receando chamar a atenção das pessoas" (*VS*, 73-74).

Perdidos no meio da multidão, o vaqueiro e a família sentiam o aperto – não só das roupas e calçados, mas também da gente que se movimentava. Apreendiam de modo fragmentário a realidade vivenciada, a partir do ângulo de visão pelo qual cada um era capaz de perscrutar o mundo a sua volta. As crianças, espantadas com a amplitude que a realidade apresentava, "viam Fabiano e sinha Vitória muito reduzidos, menores que as figuras nos altares. [...] As luzes e os cantos extasiavam-nos", pois conheciam apenas a luz do candeeiro de querosene, e os cantos que já haviam escutado eram "o bendito de sinha Vitória e o aboio de Fabiano" (*VS*, 74).

A percepção que os meninos têm da igreja e de como as figuras dos pais se reduzem nessa moldura ratifica a possibilidade, insinuada no capítulo "Inverno", de que o menino mais velho iniciava uma fase em que a figura do pai podia ser questionada:

> Fabiano modificara a história – e isto reduzia-lhe a verossimilhança. Um desencanto. Estirou-se e bocejou. [...] O herói tinha-se tornado humano e contraditório. [...] Virou-se, os pedaços de Fabiano sumiram. O brinquedo se quebrara, o pequeno entristecera vendo as peças inúteis. (*VS*, 68)

Fabiano é, nesse trecho, um narrador, autor de uma representação no interior do espaço mais amplo do processo de representação de *Vidas secas*. Conta uma história de grandes feitos em que se envolvera, claramente uma mentira, que decorre da necessidade de sonhar, de se acreditar capaz de vencer em algum momento da vida, de esquecer a humilhação da surra e da noite passada na prisão. Mas como se empolga e sua narração se torna uma "parolagem mastigada" (*VS*, 65), ocorre a perda da verossimilhança que desagrada ao filho – o leitor. Nesse momento o pacto ficcional se quebra, como se quebrou o brinquedo que o menino algum dia teve, e os pedaços do corpo de Fabiano, iluminados pela luz irregular do fogo, desaparecem na escuridão como desapareceram os pedaços do brinquedo quebrado.

O problema dessa representação mal-sucedida de Fabiano-narrador, que não satisfaz a exigência do menino-leitor – lembre-se que o menino mais novo não questiona a narração, é um leitor menos exigente que o irmão – é, na verdade, o problema do narrador de *Vidas secas*: o *como* lidar com a narração, sem cair na armadilha da solução fácil que pode falsear a relação da ficção literária com a vida social. E mais: é o problema da representação no realismo tradicional, que levou Álvaro Lins – como destaquei anteriormente – a questionar a verossimilhança do romance, recolocando a antiga discussão do verossímil como categoria interna da obra literária ou externa a ela, em sua correspondência com a realidade empírica. A história contada por Fabiano a seu auditório é questionada por um de seus ouvintes – o filho mais velho – porque esse narrador modificou um relato já conhecido, o que o tornou um herói "humano e contraditório" em uma narrativa cuja lógica interna exige um herói tradicional, que não comete erros. Ao romper essa lógica, destrói o verossímil interno à narrativa.

Trata-se, nesse episódio do romance, de um dos momentos de polêmica com o romance de 30, objeto das críticas de Graciliano Ramos:

> Testemunhas do conflito em que se debatem o capital e o trabalho, os romancistas brasileiros nos apresentam ora o capitalista, ora o trabalhador, mas as relações entre as duas classes ordinariamente não se percebem. Temos de um lado hábitos elegantes, sutilezas, conversações corretas, nada parecidas às que ouvimos na rua, insatisfação, torturas complicadas que a gente vulgar não pode sentir; do outro

lado, bastante miséria, ódio e desejo de vingança. [...] Ignoramos porém se o sofrimento daqueles homens requintados tem uma origem puramente religiosa ou se eles criam desgostos por falta de ocupação. [...] E, não tendo visto o operário no serviço, dificilmente acreditamos que ele manifeste ódio a um patrão invisível e queira vingar-se. (crônica "O fator econômico no romance brasileiro", apud GARBUGLIO et al., 1987, p. 125-126)

Nessa crônica, vê-se que o elemento motivador dessa polêmica é mesmo o problema da verossimilhança na representação da vida social, pela literatura da década de 1930 – veja-se que não se dirige apenas ao romance social, mas também ao chamado romance intimista.

E, voltando ao problema suscitado pelo menino-leitor, veremos que seu questionamento coloca em pauta a possibilidade de que, no espaço da igreja, na praça da cidade – em suma, no ambiente urbano –, a perda da credibilidade de Fabiano deva-se à súbita apreensão de que a estatura descomunal do pai era, na verdade, uma distorção provocada pela contraditória relação de poder e afeto que ambos vivenciam. O que o garoto percebe nesse momento é que – fora do ambiente rural, em que Fabiano possui certa ascendência sobre a família –, misturado a numerosos tipos iguais a ele e sinha Vitória, o pai se torna apenas um anônimo, um "matuto" no meio da multidão que o intimida e constrange. Isso conclui a mudança na imagem que dele o filho construíra. A infância se apresenta, assim, como o momento em que se coloca no horizonte a possibilidade de conquista da autonomia para enxergar o mundo.

A festa de Natal é um excesso de barulho, de luzes, de gente, de cheiros. E também de ornamentos religiosos e mercadorias nas vitrines. Os meninos maravilham-se ao pensar que tudo aquilo "tinha sido feito por gente" (VS, 83), intrigados pela possibilidade de todas aquelas coisas terem nomes que eles não conhecem. Estavam em um mundo diferente; um dos "mundos maravilhosos na serra azulada" (VS, 74).

O vaqueiro sente-se preso, imobilizado, torturado pela roupa e pelas botinas. "As botinas e o colarinho eram indispensáveis, não podia assistir à novena calçado em alpercatas, a camisa de algodão aberta, mostrando o peito cabeludo. Seria desrespeito. Como tinha religião, entrava na igreja uma vez por ano". Espremido no meio da multidão, "a sensação que experimentava não diferia muito da que tinha tido ao ser preso. Era como se as mãos e os braços da multidão fossem agarrá-lo, subjugá-lo, espremê-lo num canto da parede" (*VS*, 75).

Estar no meio de tanta gente despertava a hostilidade de Fabiano, sempre desconfiado de que "só lhe falavam com o fim de tirar-lhe qualquer coisa" (*VS*, 76). Dentro dele estava em ebulição a revolta acumulada contra o abuso do soldado amarelo, as contas do patrão, que sempre totalizavam menos que as de sinha Vitória, o arrocho do cobrador de impostos da prefeitura. A cachaça viria liberar-lhe os gritos contra tudo isso, a valentia para o enfrentamento – porém, ironicamente, gritos e enfrentamento tinham de acontecer em lugar afastado, longe da vista de todos. Fabiano não podia correr o risco de entrar em confusão e ser preso novamente.

Sinha Vitória vê e vive a festa por ângulo completamente diferente, sem constrangimento. A tudo aprecia, com a sensação de que "realmente a vida não era má." Mais integrada aos eventos sociais do que o resto da família, o único incômodo que sentiu foi fisiológico, mas, após "molhar o chão e os pés das outras matutas", deleita-se com o espetáculo: o formigueiro humano, os fogos de artifício, as belezas da cidade. "Para a vida ser boa, só faltava à sinha Vitória uma cama igual à de seu Tomás da bolandeira. Suspirou, pensando na cama de varas em que dormia" (*VS*, 82).

Fim de festa. Encorajado pela cachaça, Fabiano bebeu, xingou baixinho, brigou sozinho. Os meninos e Baleia continuam desconcertados e arredios com a cidade. Sinha Vitória devaneia, vendo "através das barracas a cama de seu Tomás da bolandeira, uma cama de verdade" (*VS*, 84). Amolecido pela cachaça, o vaqueiro dorme; em um sonho mau, um exército de soldados amarelos cravam as reiúnas em todo o corpo de Fabiano.

O ritmo desse capítulo evoca o ritmo das festas religiosas do interior do Nordeste. A percepção fragmentária do ambiente pelos olhares desencontrados das personagens lembra o alucinante revezamento de fiéis, ofuscados por fortes luzes e zonzos pela repetição obsessiva dos cânticos, na oferenda de ex-votos, clímax de um ritual durante o qual os participantes conseguem entrar em transe, isto é, acreditam liberar do corpo a própria alma, enquanto giram semi-inconscientes ao som dos cantos e ladainhas. No espírito conturbado do vaqueiro, foi o que se passou: ritualisticamente ele suportou até um grau máximo a raiva reprimida;

em seguida, afastado da multidão, vingou-se de todos os que o desprezavam e humilhavam, chamando-os para a briga e tachando-os de covardes, uma "cambada de cachorros", para depois, amolecido pela cachaça, pesado e com sono, perceber vagamente que "havia cometido uma falta" (*VS*, 81), antes de cair no sono agoniado.

Preserva-se em Fabiano um certo inconformismo, verbalizado apenas para si mesmo, com as relações que o submetem – mas que o vaqueiro não consegue ordenar como diretriz de eventual ação que lhe possibilite superar sua condição na vida social. Fica como um sentimento represado, que sempre ameaça perigosamente se liberar, como no capítulo "Festa". Esse sentimento leva-o a cogitar alternativas diferentes para sua vida:

> Não, o soldado amarelo era um infeliz que nem merecia um tabefe com as costas da mão. Mataria os donos dele. Entraria num bando de cangaceiros e faria estrago nos homens que dirigiam o soldado amarelo. Não ficaria um para semente. Era a idéia que lhe fervia na cabeça. Mas havia a mulher, havia os meninos, havia a cachorrinha. (*VS*, 38)

O apego à família, no entanto, impede Fabiano de fazer "uma asneira". O sertanejo se sente "preso como um novilho amarrado ao mourão, suportando ferro quente" (*VS*, 37), impedido de reagir às injustiças por ser responsável pela mulher e os meninos. Mas Fabiano sequer consegue imaginar uma vida digna para oferecer aos seus, por pressentir a inevitabilidade do destino que lhes era reservado: "Sinha Vitória dormia mal na cama de varas. Os meninos eram uns brutos, como o pai. *Quando crescessem, guardariam as reses de um patrão invisível, seriam pisados, maltratados, machucados por um soldado amarelo*" (*VS*, 38). Nesse trecho, faz-se mais clara a presença do narrador, compartilhando e dando forma textual a uma reflexão de Fabiano, e evidenciando também como seu o inconformismo da personagem.

Para Coutinho (1967), a passividade atribuída à personagem é apenas exterior, porquanto esse inconformismo "é a manifestação imediata do que há de mais elementar no homem, *o seu desejo de viver*":

> para *viver*, para garantir as condições mínimas que possibilitem a manutenção de uma vida humana, é preciso se opor à realidade e buscar uma via que aponte para fora daquele universo de miséria e morte. Portanto, o valor buscado por Fabiano, que o leva a contrapor-se ao

> mundo alienado – busca e contraposição que fazem dele, em sentido bastante lato, um 'herói problemático' – é simplesmente a *vida*, como realidade imediata. (p. 175)

Nesse sentido, Fabiano é visto como um "herói positivo" por Coutinho, na medida em que sua consciência da condição de dominado, apesar de individual, é também consciência de sua classe social. O vaqueiro poderia simplesmente aderir ao ponto de vista da classe social do patrão, o que é muito comum, dado o aparato institucional com que conta a ideologia hegemônica para apresentar as relações entre classes como naturais e se reproduzir na consciência das pessoas. Contrariamente a personagens como Paulo Honório, Madalena e Luís da Silva, que vivem suas tragédias pessoais exatamente porque "assumem a posição de determinada classe – e esta classe, *enquanto classe*, não comporta nenhuma perspectiva ou possibilidade (concreta) de solução para o problema em questão" (p. 177) –, a possibilidade de Fabiano "realizar objetivamente os valores mínimos a que se propõe" depende de se reconhecer como indivíduo e como sujeito pertencente a uma classe. É esse reconhecimento que lhe permitirá identificar-se com outros indivíduos de condição idêntica à sua, também portadores do mesmo inconformismo e decididos a mudar a sociedade que os submete.

A essa análise de Coutinho, no entanto, opõem-se outras, como as de Antonio Candido e Silviano Santiago, que ressaltam o pessimismo permanente da obra de Graciliano Ramos (cf. GARBUGLIO *et al.*, 1987, p. 434-435): assim como não se coloca no horizonte de *Vidas secas* a possibilidade de suas personagens superarem a condição de dominados, também não se aponta saída para o processo social brasileiro, flagrado pela literatura:

> Da consciência mortiça do bom Fabiano podem emergir os transes periódicos em que se estorce o homem esmagado pela paisagem e pelos outros homens. Assim como em dado momento sente a nostalgia do cangaço, nada o impede de seguir Antônio Conselheiro – únicas saídas para recompor a consciência mutilada. (CANDIDO, 1992, p. 49)

Candido vê em *Vidas secas* a culminação do processo que se desenvolve desde o primeiro romance de Graciliano, marcando todos eles por um pessimismo irônico, prisma pelo qual o escritor, ao narrar a história de suas personagens, narra simultaneamente a inserção e o comprometimento delas com um projeto nacional em que está também inserido, mas no qual não acredita. Nesse sentido, sua literatura corrói esse projeto nacional, ao evidenciar seus pontos de fratura:

> [...] E na base da estrutura [...] parece que *Vidas secas* aparece como o livro decisivo, onde as coisas chegam a seu desfecho, do ponto de vista da ficção. É um livro circular e fechado, [...] totalmente fechado! Inclusive com a possibilidade de você remontá-lo. Qualquer combinação que se faça ali, haverá sempre um beco sem saída. (CANDIDO apud GARBUGLIO et al., 1987, p. 435)

A contraposição dessas análises mostra, a meu ver, que ambas captaram, em momentos diferentes, faces distintas, mas complementares, do processo social plasmado pela forma literária em *Vidas secas*. Defendo que, nesse sentido, o romance aponta, em um primeiro momento, a possibilidade virtual de o inconformismo levar Fabiano a se reconhecer enquanto sujeito de classe e, como tal, apto a pensar e a agir coletivamente para a transformação da sociedade.

Mas estou convencida de que a concretização dessa possibilidade passa pelo lastro de sinha Vitória. É ela quem, na família, formula claramente o projeto de alcançar uma vida digna. É ela quem faz as contas e desmascara para Fabiano sua exploração pelo patrão. É a ela que Fabiano omite detalhes de conversas com as mulheres quando vai à cidade. Por isso, não é de se estranhar que seja ela quem provoca o raciocínio de Fabiano, pelo qual se faz a associação das aves de arribação com o soldado amarelo.

Isso se dá no capítulo "O mundo coberto de penas", conforme já demonstrei, quando o vaqueiro percebe que eram muitas as arribações, assim como eram muitos os soldados amarelos. Fabiano não matara o soldado amarelo; agora demonstra saber que não bastava matar um deles – primeiro porque havia muitos, segundo porque era preciso matar também "os que mandam nele" (*VS*, 111). Em relação dialética com essa percepção, está implícito o entendimento que Fabiano tem de ser apenas um e de haver muitos como ele. Aí se insinua então a possibilidade de a personagem desenvolver uma consciência de classe.

Aliás, ainda no mesmo capítulo, a dedução de sinha Vitória, após provocar a inquietação do vaqueiro em busca de seu sentido – "Não atinava. Um bicho tão pequeno!" (*VS*, 108) –, possibilita a analogia entre ave de arribação e soldado amarelo, quando Fabiano consegue entender o silogismo e relaciona as aves de arribação à desgraça da seca. Assim, se relacionarmos a conclusão do silogismo de sinha Vitória, obtido da relação entre as duas premissas iniciais, com o pensamento de Fabiano no capítulo "O soldado amarelo" – "Havia muitos bichinhos assim ruins, havia um horror de bichinhos assim fracos e ruins." (*VS*, 107) –, torna-se evidente que, na verdade, a dedução de Fabiano extrapola a situação imediata do "mau agouro" das arribações, para projetar-se como dedução da própria história do projeto de modernização do Brasil e como previsão de sua falência.

A relação estabelecida nessa representação desloca a analogia do terreno do concreto para o do abstrato, ou seja, da realidade imediatamente apreensível da linguagem do romance para algo além dela, "que é, ao mesmo tempo, a História e o partido que nela se toma" (BARTHES, 1993, p. 117).

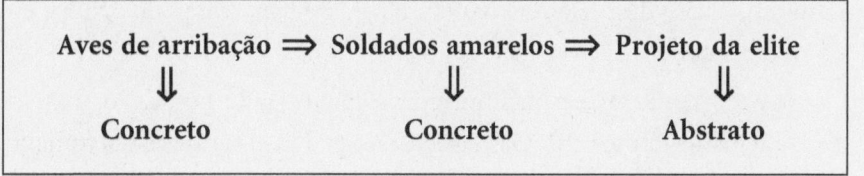

Aves de arribação ⇒	Soldados amarelos ⇒	Projeto da elite
⇓	⇓	⇓
Concreto	Concreto	Abstrato

O "mau agouro", nesse caso, adquire também o sentido de ameaça, pela intuição de que os muitos "bichinhos assim ruins" estão a serviço da desgraça: a seca, no caso das aves, e a submissão forçada, no caso do soldado amarelo, agente de uma ordem que, ora pela violência ora pela persuasão, impõe tal projeto. Nesse caso, *Vidas secas* dá a ver a impossibilidade de realização do projeto nacional de modernização – desnuda a incompleta transição do modelo arcaico do Brasil agrário exportador para o modelo da moderna divisão do trabalho, no almejado Brasil industrializado das elites –, porque em seu interior persiste a prática pré-capitalista que produz Fabiano e sua família.

Mas penso também que Graciliano, no momento histórico de produção do romance – o desenvolvimentismo pela industrialização, do governo Vargas –, aponta virtualmente a possibilidade do movimento de recusa desse projeto pela classe dominada, presente nos lampejos de consciência da personagem. Só que, quando o faz, está também evidenciando que o momento dessa recusa, pela via revolucionária, não encontra condições objetivas favoráveis a sua realização e que Fabiano sabe disso, como se pode apreender no capítulo "O soldado amarelo", quando o sertanejo, tendo oportunidade, não mata o soldado que o prendera e humilhara:

> Aprumou-se, fixou os olhos nos olhos do polícia, que se desviaram. Um homem. Besteira pensar que ia ficar murcho o resto da vida. Estava acabado? Não estava. Mas para que suprimir aquele doente que bambeava e só queria ir para baixo? Inutilizar-se por causa de uma fraqueza fardada que vadiava na feira e insultava os pobres! Não se inutilizava, não valia a pena inutilizar-se. *Guardava a sua força*. (*VS*, 107. Grifos meus)

Essa opção da personagem pode se dever à percepção de que a transição está em curso por imposição da violência ou de que o isolamento social impede os indivíduos confinados de se organizarem como classe e, portanto, adia o despertar efetivo dessa consciência, que pode ocorrer em um tempo que a narração não abarca.

Assim, talvez o pessimismo radical identificado por vários críticos em Graciliano Ramos (cf. OLIVEIRA, 1977, p. 313-314) deva ser tomado, nessa perspectiva, como a consciência radical de que é pela literatura que se deve iniciar a corrosão do projeto de modernização da elite brasileira.

O fato é que, ao indicar essas possibilidades, o escritor recusa as soluções políticas voluntaristas – aquilo que Silviano Santiago denominou de *mar-mortização* da narrativa (*apud* GARBUGLIO *et al.*, 1987, p. 434) –, recurso usual em escritores seus contemporâneos:

> Aquela estrelinha, que é a estrelinha da esperança, que você encontra em Chaplin, que você encontra em Drummond, que você encontra na música popular de 64 [...]. Eu gosto muito dessa esperança, sabe? Agora, só acho que nunca consegui vislumbrá-la *textualmente* em Graciliano Ramos.

Nessa perspectiva, entendo que a solução radical proposta pelo autor de *Vidas secas* consiste na corrosão desse projeto de sociedade, por meio da literatura, como forma de evidenciar o grande potencial de exclusão e de desagregação no interior de uma construção que deveria ser nacional – no sentido gramsciano do nacional-popular –, mas que, no

Brasil, não passa de mais uma proposta da classe dominante, a seduzir os trabalhadores e a cooptar os intelectuais. Declarações do escritor em diferentes momentos evidenciam que a literatura, para Graciliano, pode ameaçar a ideologia hegemônica:

> [...] a verdade é que nem todos os livros cantam loas aos tiranos. A desgraça dessa gente é perceber que as suas armaduras racham, a sua força se esvai, os seus defensores se transformam de repente em inimigos. A palavra escrita é arma de dois gumes. A literatura velha arqueja e sucumbe; a literatura nova fere com vigor a reação desesperada. (discurso de Graciliano Ramos em Congresso do Partido Comunista Brasileiro, 28/2/47. *Apud* Garbuglio *et al.*, 1987, p. 95)

A convicção de Graciliano acerca da função contra-hegemônica da literatura – "A palavra escrita é arma de dois gumes" – antecipa em 1947 a conclusão a que chegará Antônio Candido em 1966, na palestra "Literatura de dois gumes", proferida naquele ano na Universidade de Cornell. Esse crítico atribui à literatura brasileira o papel inicial de instrumento do processo colonizador, decisivo na imposição cultural durante o Brasil Colônia, juntamente com as demais atividades culturais promovidas pelo Estado e pela Igreja, estritamente voltadas para o objetivo do controle social. O processo histórico de consolidação dessa arte no Brasil, entretanto, evidencia a contradição – a da colonização e a da imposição da literatura –, na medida em que "os traços próprios do país" vão se acentuando nos textos literários. Em suma, a origem dessa força contra-hegemônica apreendida por Graciliano Ramos na qualidade de produtor de literatura é rastreada por Candido muito depois, em escritores que o antecederam, para mostrar que "a literatura foi atuante na imposição dos padrões culturais [do colonizador] e, a seguir, também como fermento crítico capaz de manifestar as desarmonias da colonização" (CANDIDO, 2000a, p. 172).

Graciliano Ramos, então, atribui poder de corrosão à literatura, e sua grandeza está, entre outros fatores, no modo como lida com essa arte no fogo cruzado das contradições sociais, pela plena consciência do seu papel de mediador das tensões delas decorrentes. Afirmo mesmo que isso foi possível por causa de sua recusa do projeto desenvolvimentista de nação que se construía, o que o fez, deliberadamente, deslocar o foco de suas obras para a questão da luta de classes e da marginalização de grande contingente da população brasileira. Por isso seus romances manifestam esse incômodo com o ato de escrever literatura em um país submetido a um processo de dominação violento e aniquilador da voz dos dominados. Esse o incômodo que o narrador manifesta em vários momentos de *Vidas secas*, decorrente da "força do homem que é capaz de expor, de uma maneira tão firme, a relação reificada" (CANDIDO *apud* GARBUGLIO *et al.*, 1987, p. 428).

Por isso adquirem peso considerável as tentativas de esvaziamento ideológico de seus livros, por meio da institucionalização de sua literatura, que,

> tanto no aparelho escolar, como no mercado editorial e nas instâncias sagradoras da crítica especializada, impõe-se num movimento contraditório, cuja dinâmica é: *aceitação apesar de e recusa por causa de*. A obra de Graciliano, de certo modo, *desloca* as instituições conservadoras e reprodutivas do mercado cultural capitalista, obrigadas a conviver conflituosamente com o objeto estranho que é o texto de esquerda (enquanto intenção e enquanto produção), o qual, rompendo qualquer empatia para com a classe vencedora, recusa-se a participar do "cortejo triunfal em que os dominadores de hoje (que são os mesmos de ontem, e outrora) desfilam sobre aqueles que também hoje jazem em terra". (GARBUGLIO, 1987, p. 95, com citação de Walter Benjamin)

Ressaltados esses aspectos, é importante lembrar que eles se encontram *representados* estruturalmente na obra de Graciliano Ramos, como demonstrei pela análise acima. É por esse procedimento que se articulam a forma literária e o processo social em *Vidas secas*: as questões nacionais da época de sua produção estão internalizadas no texto literário e determinam sua estrutura. Essa forma decorre do processo de mediação empreendido pelo escritor para tratar dessa matéria e de suas contradições; para isso foi decisiva a devolução ao texto do narrador, que, ao compartilhar o discurso com seu outro de classe, evidencia as contradições sociais. A obra, então, foi possível porque esse processo social produziu a forma literária – e esta, por seu turno, deu a ver esse processo – pela qual o escritor pôde exercer seu papel de mediador.

Diferentemente de seus contemporâneos do romance social e da esquerda, Graciliano opta por transcrever a fala da personagem "inculta" o mínimo possível, preferindo instituir ficcionalmente um narrador que se encarrega de falar junto com ele. Temos então uma relação narrador "culto" x personagem "inculta", como em outros casos de narrativas da época. Só que parece haver em *Vidas secas* uma preocupação do narrador em não cair no processo de reificação da personagem "inculta", evitando o registro de sua fala de modo pitoresco, assim como evita impregnar sua relação com ele do paternalismo e da piedade que por vezes transborda em outros autores do romance de 30:

> [...] Graciliano Ramos, aqui e no resto de sua obra, é o autor menos *kitsch*, menos sentimental da ficção brasileira contemporânea, que mesmo em praticantes de alto nível atola com freqüência nesses brejos, desde os condenados de Oswald de Andrade até os proletários de Jorge Amado, com estações de passagem em textos tão eminentes quanto os de Guimarães Rosa. (CANDIDO, 1992, p. 107)

Evitar esses riscos foi possível graças ao firme propósito do narrador de *Vidas secas* de deslocar seu ponto de vista, cujo foco deixa de ser o de sua classe letrada para ser o do seu outro de classe, a personagem "inculta", iletrada, rude, bruta, cuja humanidade recôndita aguarda ser recuperada.

Essa relação textual-discursiva entre dois sujeitos de classe é dialética e revela uma tensão no espaço do texto. O narrador que se institui pelo domínio da linguagem tem esse poder progressivamente minado pela invasão silenciosa da personagem, que vai gradativamente ocupando o espaço da narrativa, até o ponto em que os enunciados de ambos tornam-se indistintos e simultaneamente distintos. É um processo de contaminação do discurso do narrador pelo discurso-silêncio de Fabiano; ou, como acreditamos que o ser social se institui pela linguagem, trata-se da contaminação do ser do narrador pelo ser negativo da personagem. Vale ressaltar que se trata de um processo estruturante da narrativa, na medida em que o discurso contaminado do narrador é responsável, em última instância, pela concretização do romance. Então o que se mostra ao leitor por meio desse discurso é a visão de dentro da classe social da personagem, graças ao deslocamento da perspectiva de classe do narrador.

Desse processo é que resultam as características da linguagem de Graciliano Ramos nesse livro, as quais são destacadas pela crítica como uma radicalização da tendência que já se manifestara nos romances anteriores: o laconismo, a rudeza, a redução ao essencial. E isso se deve à recusa desse escritor em reduzir a manifestação oral da personagem iletrada a matéria ficcional. Estetizar essa voz seria compactuar com sua extinção na vida social e sua preservação apenas na literatura, como solução imaginária do problema da desigualdade estrutural do País.

O autoquestionamento da literatura como categoria analítica

Uma teoria da literatura latino-americana deve contemplar, como ponto de partida, a condição do escritor como mediador de culturas, cuja originalidade resulta de sua capacidade de se apropriar parodisticamente dos códigos literários impostos pelos colonizadores, produzindo a partir deles uma literatura que subverte as literaturas matrizes.

Da perspectiva dessa condição, há uma percepção clara dos processos pelos quais a literatura se comprometeu com o projeto burguês de sociedade levado a cabo pelos colonizadores. Ao se constituir como mediador das culturas em luta nesse processo, o escritor não consegue ignorar seu papel de produtor cultural de uma forma de arte que tem função específica no conjunto das práticas de dominação da colonização. Basta lembrar o papel que teve a literatura na construção dos projetos das nações que neste continente se formaram.

A percepção da arte como mercadoria colocou em questão o processo inevitável pelo qual a indústria cultural transforma toda e qualquer forma de arte, até mesmo a literatura, em algo cuja finalidade é o mercado. Adorno e Horkheimer (1985) salientam o consumo como etapa determinante da produção cultural. A literatura passa pelo mesmo processo de reificação que transforma os bens materiais em mercadorias, constituindo-se, ela também, em uma síntese das relações sociais. Por analogia, pode-se dizer que o ato de ler um livro é conclusão do processo de reificação da literatura, sendo o leitor um novo objeto dessa cadeia de relações. Para preservar a literatura desse processo, muitas vezes, o escritor a torna hermética, na crença de que isso contribui para recuperar o leitor de sua consciência reificada, pela exigência de que ele seja capaz de penetrar na obra, desafiado por um texto desautomatizador de sua relação com a linguagem.

Esse é um problema da arte moderna, que adquire aspecto peculiar nos países colonizados, quando o escritor tem de lidar com a ambivalência da literatura como instrumento de dominação e como espaço que permite a manifestação das vozes reprimidas nesse processo. Os dilemas da representação, então, adquirem dimensão de aporia, em homologia com os dilemas das personagens representadas no texto. Quando, nessa situação, o escritor problematiza o ato de escrever e questiona sua condição de escritor, torna-se também personagem de sua literatura.

Pela aguda compreensão do processo de formação da sociedade brasileira e pela percepção dos elementos conflitantes na modernização do País é que Graciliano Ramos produz uma prosa de ficção fortemente marcada pelo autoquestionamento, ocorrência esta que chega a constituir uma categoria de análise, cujo epicentro é a negatividade decorrente da percepção do escritor das contradições entre a literatura e a vida. É portanto um modo de elaboração da escrita literária que recusa o mero artifício estético de a literatura voltar-se sobre si mesma para perscrutar técnicas e procedimentos discursivos; ela passa a questionar sua função mesma enquanto elemento do conjunto das práticas de dominação que se processam no interior do processo civilizatório e são, geralmente, escamoteadas pela historiografia.

Por isso, freqüentemente, seus narradores estão às voltas com o fazer literário – um tenciona escrever um romance histórico, outro se encontra iniciando a difícil empresa de narrar suas memórias, outro ainda demonstra intimidade com a linguagem escrita – e suas narrativas parecem entrecortadas por reflexões, comentários e alusões, em que o narrador duvida do poder da literatura de representar o mundo e da eficácia do discurso como representação do irrepresentável, que é a complexidade da vida social (BASTOS, 1998, p. 38). A tematização dessa impossibilidade, nas obras de Graciliano, resulta em um duplo efeito:

> as obras realizadas estão aí, fechadas, mas no interior delas os projetos não-realizados são textos abertos. As obras não realizadas não substituem os projetos [...] : são comentários à impossibilidade de realização e, ao mesmo tempo, forma de manter os projetos no horizonte do possível. (BASTOS, 1996, p. 40)

A insistência no autoquestionamento é um indicador de que a ficção de Graciliano pode ser analisada como produção de quem se reconhece portador de uma especificidade, do escritor como intelectual cuja função na sociedade é distinta das demais, por ser o detentor do poder da linguagem. Sintoma disso é o fato de que os protagonistas manifestam, paradoxalmente, imensa dificuldade em lidar com a linguagem, até mesmo o protagonista Graciliano Ramos nas obras autobiográficas; assim também o próprio escritor escreve as suas dificuldades de escrever. Uma conseqüência disso é que, na relação com seus textos, o leitor se converte também em crítico da escrita literária, que, não obstante, aceita o pacto ficcional da literatura como possibilidade de representação do real – especificidade esta que, aliada aos procedimentos também específicos e individuais de fatura textual, torna literário o texto – e ativa os significados, reconhecendo como também seu o autoquestionamento que a literatura manifesta.

Pode-se dizer, portanto, que Graciliano Ramos é um escritor cuja literatura problematiza estruturalmente sua condição de classe, o que o constitui personagem de sua própria ficção. O autoquestionamento aparece no texto literário por meio de diferentes recursos. O uso, pelo autor, da máscara de um narrador-personagem costuma ser freqüente. Graciliano Ramos recorre a esse procedimento nos três romances que antecederam *Vidas secas*.

Em *São Bernardo*, o narrador Paulo Honório "gasta" os dois primeiros capítulos para discutir sua idéia de escrever um livro "pela divisão do trabalho" (*SB*, 10) e informar o leitor do porquê de sua desistência nessa empresa. Lafetá (2004, p. 72-102) analisa a avaliação de que esses dois capítulos estariam "perdidos" para o livro, mostrando que eles mobilizam grande quantidade de informação sobre o mundo do narrador, ao mesmo tempo em que utilizam intensa energia para "empurrar" o leitor – "de chofre – para dentro de um mundo que desconhece" (p. 74).

Boa parte desses capítulos representa também o autoquestionamento dessa literatura e do papel desse recém-constituído escritor, que coloca no centro da questão a obra literária enquanto produção social. Oscilando entre a adoção do código da tradição européia, a "língua de Camões" ("acanalhada", "pernóstica", "safada"). e uma linguagem pragmática de quem não pretende "bancar o escritor", Paulo Honório faz a representação da polêmica que Graciliano travou com os modernistas da primeira fase a respeito da língua nacional – assunto que será tratado no próximo tópico.

A narração de São Bernardo se dá pelo uso de uma dupla máscara: a do narrador pelo escritor e a do pseudônimo pelo narrador: "Há fatos que eu não revelaria, cara a cara, a ninguém. Vou narrá-los porque a obra será publicada com pseudônimo" (SB, 10). Essa afirmação coloca o leitor diante de outro questionamento que a obra se faz: o do seu estatuto de verdade. A narração sob pseudônimo, supostamente, resguarda o narrador-personagem de uma exposição ou julgamento público, induzindo a idéia de que, sob proteção, ele está livre para contar a verdade. É a literatura perseguindo o efeito de realidade e contando com a construção da credibilidade do narrador para obtê-lo:

> Continuemos. Tenciono contar a minha história. Difícil. Talvez deixe de mencionar particularidades úteis, que me pareçam acessórias e dispensáveis. Também pode ser que, habituado a tratar com matutos, não confie suficientemente na compreensão dos leitores e repita passagens insignificantes. De resto isto vai arranjado sem nenhuma ordem, como se vê. Não importa. Na opinião dos caboclos que me servem, todo o caminho dá na venda. (SB, 10)

O trecho tem início com a utilização de um recurso muito comum no realismo tradicional: o vocábulo "continuemos", usado para retomar a linearidade narrativa, geralmente após uma digressão. Disso deduzimos que o efeito de realidade pretendido por Paulo Honório vai além do nível da expressão – no qual declara escrever sob pseudônimo – para atingir o processo mesmo de fatura da obra, pela utilização da técnica narrativa do realismo. Dá-se então uma duplicidade estrutural no romance: a narração da personagem é realista, enquanto a do escritor nega o realismo. O procedimento aludido por Paulo Honório, quando se refere à supressão de "particularidades úteis" e à repetição de "passagens insignificantes", para concluir que "todo o caminho dá na venda", ratifica essa duplicidade, pela alternância, em seu enunciado, do léxico culto e do popular. Isso evidencia o subletramento do narrador e prepara o caminho para a narrativa de sua trajetória ascendente na escala social, assim como para os conflitos pressagiados pelo "pio da coruja", insistentemente reiterado.

Paulo Honório é um modernizador. Diferentemente de Luís da Silva e João Valério, é a representação do sucesso do projeto burguês de sociedade: dinâmico, realizador, com tino para os negócios, ascende de uma quase indigência à condição de proprietário. Sua narração representa as fases do progresso capitalista, incluindo a crise e a decadência. A fazenda abandonada e em processo ruinoso é a alegoria do futuro. Por entre as ruínas vagam espectros, homens sem humanidade, sob a marca da reificação:

> Paulo Honório escreve seu livro e busca o sentido de sua vida. Através da escritura faz emergir um mundo reificado e cruel, repleto de corujas que piam agourentas, de rios cheios, atoleiros e 'uma figura de lobisomem'. O que surge é afinal o seu retrato: penetrando dentro de si mesmo arranca um mundo de pesadelos terríveis, de signos da deformação e da monstruosidade. (LAFETÁ, 1987, p. 306)

O procedimento do narrador-personagem de *São Bernardo* nada tem em comum com o do autor de *Vidas secas*. Neste último, o autoquestionamento pode ser identificado no modo como o narrador confere valor discursivo ao silêncio da personagem, que contamina a escrita. Esse narrador, como já foi dito, é o "procurador" de Fabiano; logo, fiel a seu mandado de procuração, faz o que lhe é ditado pela personagem: fala junto com ela. Esse procedimento é em si mesmo de natureza autoquestionadora, porque coloca em questão o princípio de objetividade que pressupõe a constituição do narrador em terceira pessoa.

Disso decorre que o modo como se dá a contaminação do relato pelo ponto de vista de classe de Fabiano só é possível porque a neutralidade – no realismo tradicional considerada a marca fundadora da narrativa – se revela falsa, em decorrência de o próprio ato da escrita ser, em si, político. Assim, esse narrador coloca-se estrategicamente fora dos acontecimentos narrados, mas ao permitir esse processo de contaminação está indicando seu envolvimento com a história.

> [...] Dos homens do sertão, o mais arrasado era seu Tomás da bolandeira. Por quê? Só se era porque lia demais. Ele, Fabiano, muitas vezes dissera: – 'seu Tomás, vossemecê não regula. Para que tanto papel? Quando a desgraça chegar, seu Tomás se estrepa, igualzinho aos outros.' Pois viera a seca e o pobre do velho, tão bom e tão lido, perdera tudo, andava por aí, mole. [...]
>
> Certamente aquela sabedoria inspirava respeito. Quando seu Tomás da bolandeira passava, amarelo, sisudo, corcunda, montado num cavalo cego, pé aqui, pé acolá, Fabiano e outros semelhantes descobriam-se.

> E seu Tomás respondia tocando na beira do chapéu de palha, virava-se para um lado e para outro, abrindo muito as pernas calçadas em botas pretas com remendos vermelhos.
>
> [...]
>
> Seu Tomás da bolandeira falava bem, estragava os olhos em cima de jornais e livros, mas não sabia mandar: pedia. Esquisitice um homem remediado ser cortês. Até o povo censurava aquelas maneiras. Mas todos obedeciam a ele. Ah! Quem disse que não obedeciam? (*VS*, 21-22)

Tomás da bolandeira é a figuração do intelectual/escritor. O modo encontrado pelo autor para indicar seu envolvimento com a história, sem manifestar explicitamente o autoquestionamento da literatura, foi criar uma personagem que, nas relações com as demais, representasse alguém que se destaca por deter o poder da linguagem, mas que, ao mesmo tempo, se recusa a exercer o papel de mando respaldado nesse poder. Por isso, Tomás da bolandeira não manda, pede. Responde aos cumprimentos da gente do povo. É diferente dos "outros brancos", que gritavam por nada e "descompunham" os empregados.

Interessante notar que, apesar do estranhamento que seus modos provocam, por ser um homem cortês com aqueles acostumados à brutalidade nas relações de mando, trata-se de uma personagem cuja sabedoria infunde respeito. Entretanto fica claro que é respeitado pelos outros não apenas por sua sabedoria, mas também por tratá-los como seres humanos. Agir diferentemente dos outros brancos implica rejeitar a realidade da vida social e empreender a mudança de seus paradigmas. Por isso essa personagem – enquanto figuração do escritor que questiona o papel da literatura na vida social – não reproduz, na relação que mantém com os vaqueiros, a reificação do seu outro de classe. É viável, pois, supor que sua presença na narrativa indica o envolvimento do autor.

De fato, esse autor faz parte da narrativa, porque a existência de personagens como as suas só se realiza na medida em que, do outro lado dessa matéria narrativa, está alguém que se distingue na vida social como detentor do poder da linguagem. Alguém que recusa o uso desse poder como forma de ratificar o papel da literatura apenas como instrumento de legitimação da ideologia dominante, mostrando que ela pode ser também emancipadora.

Trata-se, pois, de um tipo de autoquestionamento literário que não se institui pela verbalização pura e simples dos problemas enfrentados pelo narrador no ato da escrita ou quanto à natureza do fazer literário como atividade especializada na vida social. Em vez de conceituar essas questões, sua formulação ocorre quando o narrador de *Vidas secas* coloca-as em movimento no texto, pela reflexão da personagem que, vazada em discurso compartilhado, representa também sua reflexão: "Havia muitas coisas. Ele não podia explicá-las, mas havia. Fossem perguntar a seu Tomás da bolandeira, que lia livros e sabia onde tinha as ventas. Ele, Fabiano, um bruto, não contava nada." (*VS*, 34)

Vidas secas é, assim, a representação do narrador como um sujeito cindido: ao mesmo tempo em que sabe que deve manter sua autonomia discursiva, abre mão dela para a invasão do silêncio da personagem iletrada. Esse choque entre duas práticas discursivas distintas equivale ao choque de duas consciências sociais, ambas confrontadas com seus próprios limites. É isso que o romance devolve à sociedade, indicando a impossibilidade de solução para uma cisão que não é só do autor: é também a da própria sociedade.

É esse nível de negatividade que atinge o autoquestionamento em *Vidas secas*. Sabendo disso, apreendemos o sentido da "abolição da distância", não apenas entre o narrador e a personagem, mas também entre o autor e o leitor, conforme nos esclarece Adorno: "a abolição da distância é um mandamento da própria forma, um dos meios mais eficazes para atravessar o contexto do primeiro plano e expressar o que lhe é subjacente, a negatividade do positivo" (Adorno, 2003, p. 61-62). Portanto, a impossibilidade para a qual a literatura aponta não é apenas a de representar as contradições do mundo, mas é a impossibilidade de, enquanto arte, mudar o mundo, por ser parte dessas contradições. Por isso, a literatura é "impossível e, como tal, culpada" (Bastos, 1996, p. 42).

Embora mostre as vidas de Fabiano e sua família sujeitadas por um processo reificador abrangente, o narrador nega-se a estabelecer – e simultaneamente estabelece, para expor à crítica – uma relação de reificação com sua personagem, porque sabe que não pode lhe dar voz, como dádiva, em seu texto literário – podendo, no máximo, transcrever ou estetizar essa voz. Sabe também que qualquer tentativa de representar seu discurso está condenada ao fracasso, pois a linguagem seria insuficiente e anêmica para representar o irrepresentável, que é o discurso do silêncio de Fabiano. Não há como representá-lo a não ser pela falta, signo que rege o mundo representado.

Esse mundo, por sua vez, escapa também à representação, por sua totalidade não ser apreensível para o narrador, da mesma forma que a percepção de sua totalidade é impossível para as personagens. Por isso, a presença concreta da mudez – sabendo-se que é da natureza mesma da obra literária a representação por meio da palavra – é um modo de a literatura se questionar, em *Vidas secas*. O autoquestionamento é nessa obra, portanto, práxis:

> Só a praxis humana pode exprimir concretamente a essência do homem. O que é força? O que é bom? Perguntas como estas obtêm respostas unicamente na praxis. É através da praxis, apenas, que os homens adquirem interesse uns para os outros e se tornam dignos de ser tomados como objeto da representação literária. A prova que confirma traços importantes do caráter do homem ou evidencia o seu fracasso não pode encontrar outra expressão senão a dos atos, a das ações, a da praxis. (Lukács 1968, p. 62)

A língua literária nacional

Retomemos a questão, que menciono na introdução deste capítulo, da mudança de prioridade no projeto político-estético, no campo da produção literária, na passagem da década de 1920 para a de 1930. Isso é importante para a discussão da língua literária nacional e da relação de Graciliano com o projeto estético da primeira fase modernista.

O romance social da década de 1930 faz parte do segundo momento do modernismo brasileiro e mantém com o primeiro momento intenso diálogo crítico. Há de se ter clareza de que o modernismo é apenas um; sua amplitude como movimento decorre da capacidade mobilizadora que demonstrou na dinamização da vida cultural do País, atingindo tanto os setores progressistas quanto os mais conservadores da sociedade.

A primeira fase desse movimento é caracterizada por Lafetá (2004), no ensaio "Estética e ideologia: o Modernismo em 1930", como um momento de descoberta do país, de demolição das formas literárias passadistas cultivadas pelas oligarquias, de abalo das estruturas tradicionais. Sua visão e sua linguagem pintam "estados de ânimos vitais e eufóricos; o humorismo é a grande arma desse Modernismo e o aspecto carnavalesco, o canto largo e aberto, jovem e confiante, são sua meta e seu princípio" (LAFETÁ, 2004, p. 65).

Em contrapartida, "a politização dos anos 1930 descobre ângulos diferentes" (p. 65), trazendo a vida social para dentro da literatura, analisando os problemas sociais e denunciando-os, adotando uma postura de militância e combate.

Se os escritores do primeiro momento propunham "ajustar" a cultura brasileira à realidade da modernização, os da segunda fase pretenderam "reformar ou revolucionar essa realidade, [...] modificá-la profundamente, para além (ou para aquém...) da proposição burguesa [...]" (p. 65) e essa necessidade se sobrepôs ao projeto estético inicial, ganhando maior relevo o projeto político. É bem verdade que o enfraquecimento da revolução de linguagem dos primeiros modernistas teve início bem antes da década de 1930, com a apropriação de suas propostas por segmentos conservadores, que trataram de lançar revistas e movimentos literários – *vide* o Movimento Verde-Amarelo, a revista *Festa* e a Escola da Anta, ligados ao catolicismo e ao movimento integralista. Juntamente com a alta produção da literatura modernista, nos anos 1920, tem já início a "diluição de sua estética: à medida que as revolucionárias proposições de linguagem vão sendo aceitas e praticadas, vão sendo igualmente atenuadas e diluídas, vão perdendo a contundência que transparece em livros radicais e combativos da fase heróica, como *Memórias sentimentais de João Miramar e Macunaíma*" (p. 68).

Lafetá apresenta sua hipótese para essa questão:

> A nossa hipótese é esta: na fase de conscientização política, de literatura participante e de combate, o projeto ideológico colore o projeto estético imprimindo-lhe novos matizes que, se por um lado possibilitam realizações felizes como as já citadas, por outro lado desviam o conjunto da produção literária da linha de intensa experimentação que vinha seguindo e acabam por destruir-lhe o sentido mais íntimo de modernidade. (p. 69)

De fato, no embate ideológico que se travava também no campo da produção literária, houve essa apropriação descaracterizadora da experimentação inicial do modernismo. Entretanto, alguns escritores da década de 1930 mantiveram esse propósito, como o demonstram algumas das narrativas de Graciliano Ramos. É inegável o traço vanguardista de *Angústia*, no que diz respeito à técnica, como bem assinalou Coutinho (1967, p. 161): "além do uso freqüente do monólogo interior em sua forma de livre associação de idéias, encontramos nele uma radical fragmentação do tempo, o que o aproxima das mais audaciosas experiências do romance da decadência". Também não há como negar o caráter de experimentação em *Vidas secas*, por sua composição em quadros (lembre-se o "romance desmontável" de Rubem Braga), pela impregnação das técnicas narrativas por procedimentos próprios da poesia (como demonstro no Capítulo III deste trabalho) e pelo radical deslocamento do ponto de vista para a perspectiva de classe da personagem iletrada e "inculta", demonstrado no item 1 deste capítulo.

Lafetá aponta em seu ensaio poetas que, reunidos nas revistas *Terra de Sol* e *Festa*, trabalharam deliberadamente para esvaziar a linguagem poética da mais revolucionária conquista dos modernistas (coloquialismo, condensação, surpresa verbal, humor), rotinizando os procedimentos formais, o que contribuiu para dissolver a tensão de linguagem de caráter vanguardista em um "condoreirismo reacionário que Mário de Andrade soube ver e denunciar" (p. 70). Isso mostra que a revolução do modernismo continha já a reação contra ela:

> O leitor perceberá por fim o fino e preciso raciocínio dialético [de Lafetá]: Primeiro: o Modernismo é um só e extraiu sua grandeza da feliz convergência entre avanço estético e avanço social. Segundo: a convergência inicial terminará por expor os conflitos existentes já na fase heróica (os anos 1920). Terceiro: tanto a convergência quanto os conflitos estão na vida social brasileira, não apenas na literatura. (BASTOS, 2005a, p. 3)

Em outro ensaio, "Traduzir-se", Lafetá atribui o retrocesso estético-ideológico que representa o surgimento da geração de 45 a uma limitação do movimento modernista:

> A geração de 45 nasce, portanto, da derrota de uma das tendências do Modernismo. Ou, se quisermos, da incapacidade mostrada por essa tendência para superar o lado de simples denúncia populista, característico da literatura social dos anos 1930, e para ultrapassar o papel de consciência modernizadora que o movimento cumpriu durante algum tempo. De fato, as últimas obras de Mário de Andrade (*Café, Lira paulistana* e *O carro da miséria*), bem como *A rosa do povo* e o romance de Graciliano Ramos, mostram essa possibilidade de superação da consciência burguesa: o Modernismo esteve perto de colocar o conflito de classe no centro de sua produção. (2004, p. 128)

Compartilho da conclusão de que a geração de 45 foi um movimento de reação – mas não à "simples denúncia populista" a que se refere Lafetá, porque isso por si só não bastaria para desencadear um reacionarismo nas Letras do porte da poesia de 45. Na verdade, essa reação veio mesmo em resposta a que, naquele período de 1930, a literatura brasileira – especialmente a narrativa – esteve, como ainda não estivera antes, a um passo da superação da visão de mundo burguesa, como bem nota esse crítico. E para isso a obra de Graciliano Ramos foi decisiva. O combate à "pobreza técnica", utilizado como argumento pelos próceres da geração de 45, foi apenas um artifício para desviar o foco da discussão que colocava em pauta a literatura como forma ideológica.

A partir desses ensaios de Lafetá, Bastos prossegue a abordagem dessa questão, afirmando que "a dialética entre convergência e atrito é a tensão definidora [...] dos limites de classe do projeto burguês e de sua formulação estética." (2005, p. 4). É necessário, então, reconhecer o descompasso que marca o avanço literário e o avanço social no Brasil. Por isso a possibilidade de a narrativa de ficção "colocar o conflito de classe no centro de sua produção" provocou pronta reação a esse projeto. Nesse sentido, a literatura produzida a partir de 1945 revela também outros posicionamentos de classe dos escritores, a partir de seu envolvimento com essa reação.

Aí é que se evidencia a necessidade de destacar Graciliano Ramos do conjunto dos romancistas de 30, para examinar mais cuidadosamente sua apreensão do projeto dos modernistas de 20. É óbvio que há entre eles uma polêmica, que Graciliano Ramos explicita, quando seu narrador Paulo Honório repudia o ato de escrever literatura pela "língua de Camões" (*SB*, 7).

A questão da língua literária nacional está em pauta desde o romantismo, pela discussão sobre a necessidade de ruptura com a "língua de Camões" e a construção de uma língua brasileira. Exemplo disso está na polêmica Alencar-Nabuco (1875)[12] e no grande número de ensaios e artigos produzidos por escritores e intelectuais de diferentes orientações ideológicas. O problema da língua é uma face do projeto nacional e de formação de uma nacionalidade brasileira; língua e nação formam uma unidade essencial para o auto-reconhecimento de um povo: "A nação só atinge o estatuto de realidade social, política, cultural e histórica através do e enquanto enunciado lingüístico. A nação só existe enquanto objeto de um discurso sobre ela e que a constitui enquanto tal" (CHAUÍ, 1983, p. 42).

Daí que os movimentos de repúdio à língua do colonizador pela intelectualidade brasileira, empenhada em constituir um projeto de nação, sejam vistos como legítima aspiração nacionalista. De fato, essa discussão encontra sua culminação na década de 1920, quando o clima de euforia pelo início do processo de industrialização do País favorecia a recepção da idéia de uma língua nacional que cortasse de vez o vínculo com a colonização. Essa a idéia que ancorou o projeto estético do modernismo.

Tendo tomado esse rumo, tendo propiciado a exploração da potencialidade estética dessa "língua viva do povo", "a língua errada do povo", começa o incômodo. E junto com ele o questionamento. Primeiro, porque grupos políticos extremamente conservadores aderem com entusiasmo ao ideário da língua brasileira, como foi o caso dos escritores que, na década seguinte, alinhar-se-iam ao movimento integralista. Segundo, porque na segunda metade da década de 1920 já se configurava no horizonte político o projeto de longo prazo da burguesia brasileira – a partir do arranjo que deslocou para os centros urbanos os investimentos das oligarquias rurais, como a do café –, tornando-se inevitáveis as associações da proposta da língua nacional com o projeto burguês, sucedâneo histórico do projeto colonial.

Graciliano Ramos havia já sinalizado sua disposição em polemizar com os primeiros modernistas, a partir do papagaio como figuração da língua do dominador, em *Caetés*:

> Nicolau Varejão tomou a palavra:
>
> – 1922 foi um ano safado, o princípio dessa encrenca de revolução. O tempo que passei no Rio...

---

[12] Cf. COUTINHO, 1978.

– Esteve no Rio? Inquiriu o Dr. Liberato.

– Em 1922. *Fui vender papagaios.* Garantiram-me que era bom negócio, mas a bordo morreu tudo. Papagaio a bordo morre, é bicho desgraçado para morrer depressa. Desembarquei com o bolso limpo e não pude ganhar dinheiro para voltar. Andei por lá uns meses, *de tanga*, procurando passagem, comendo na banda podre. Veio o furdunço. E, como não tinha que fazer da vida, peguei no pau-furado. (*Ct*, 90. Grifos meus)

Ao colocar sua personagem na situação do habitante local que tenta vender o que tem de exótico e pitoresco, Graciliano sinaliza ironicamente tanto sua recusa do regionalismo tradicional quanto sua divergência com o projeto modernista da primeira fase. A mal-sucedida incursão do "selvagem" no capitalismo mercantil, que o deixa literalmente "de tanga", é figuração da espoliação histórica, traço da sociedade dividida em classes, cujas contradições o projeto inicial do modernismo escamoteia, ao deslocar para a esfera exclusiva da produção cultural o tratamento das questões nacionais.

Assim Graciliano Ramos polemiza, política e esteticamente, com esse projeto, a partir mesmo do primeiro romance. Não é gratuita a presença dos caetés em sua narrativa, pela penosa escrita do narrador João Valério, tratando-se dos mesmos indígenas que protagonizaram em 1554 o episódio histórico – ridicularizado pelos modernistas da primeira fase em diferentes momentos – da devoração do bispo Sardinha. Esse momento marca, para o Movimento Antropófago de Oswald de Andrade, o início da nacionalidade brasileira; o ritual antropofágico é a representação, pelos selvagens, da apropriação das qualidades do branco europeu: "Absorção do inimigo sacro. Para transformá-lo em totem".[13]

Mas os caetés de João Valério não concluem o ritual, já que sua narração é abandonada antes que os portugueses mortos fossem cozidos e servidos. A depender do escritor-personagem, então, a nacionalidade brasileira idealizada pelo Movimento Antropófago não terá início na literatura: "Abandonei definitivamente os caetés: um negociante não se deve meter em coisas de arte" (*Ct*, 234). Abrir mão do projeto literário em função da nova posição que ocupa na vida social – a de proprietário – adquire assim conotação irônica, que remete à questão do posicionamento de classe do

---

[13] Cf. Manifesto Antropófago. *Revista de Antropofagia*, n. 1, 1928.

escritor e ao modo como é problematizado na obra de Graciliano Ramos. "Para que mexer nos caetés, uma horda de brutos que outros brutos varreram há séculos?" (*Ct*, 155). Essa problematização passa, é certo, pela concepção de língua nacional subjacente à sua produção literária.

Nesses termos, a língua nacional proposta pelos modernistas, a "gramatiquinha brasileira", era também uma proposta burguesa; trocar a "língua de Camões" por ela equivaleria a trocar a língua de uma elite lusitana pela de uma elite brasileira. A barreira de classe continuaria persistindo. Nesse contexto polêmico, Graciliano Ramos adota uma linguagem apurada, sintaticamente escorreita, pouco se importando com sua identificação à sintaxe lusitana. Mas enfatizo que esse apuro predomina no nível gramatical, porquanto no campo do léxico há presença marcante de vocábulos regionais do Nordeste brasileiro, bem como de expressões típicas do falar de sua gente. Disso resulta que suas obras adquirem acento e ritmo próprios desse falar, conforme Graciliano declara em carta sobre a reescritura do romance *São Bernardo*:

> [...] O *S. Bernardo* está pronto, mas foi escrito quase todo em português, como você viu. Agora está sendo traduzido para brasileiro, um brasileiro encrencado, muito diferente desse que aparece nos livros da gente da cidade, um brasileiro de matuto, com uma quantidade enorme de expressões inéditas, belezas que eu mesmo nem suspeitava que existissem. Além do que eu conhecia, andei a procurar muitas locuções que vou passando para o papel. [...] O resultado é que a coisa tem períodos absolutamente incompreensíveis para a gente letrada do asfalto e dos cafés. *Sendo publicada, servirá muito para a formação, ou antes para a fixação, da língua nacional.* (Carta a Heloísa de Medeiros Ramos, apud GARBUGLIO et al., 1987, p. 235. Grifos meus)

Essa tradução do romance "para brasileiro", sem dúvida, dá-se pela utilização das "expressões inéditas" e belas; trata-se portanto de construções lexicais, utilização de um vocabulário que o escritor considera mais propriamente brasileiro: "encrencado", "de matuto", que causará estranhamento à "gente letrada do asfalto e dos cafés". Portanto, a "língua nacional" imaginada por Graciliano Ramos não rejeita a forma gramatical herdada do português lusitano, mas busca sua autenticidade na absorção da riqueza lexical acumulada pela fala popular.

Veja-se então que a recusa da "gramatiquinha brasileira" se efetiva quando o escritor mantém predominantemente a sintaxe lusitana em seus textos, ao contrário de Mário de Andrade, em *Macunaíma*, por exemplo – nesse romance há construções gramaticais típicas da linguagem coloquial, como é o caso de orações com mais de uma negação. Isso não significa, no entanto, que sua obra deixe de problematizar essa questão – e outras –, a exemplo do diálogo de Paulo Honório com Azevedo Gondim, intelectual provinciano que defende o uso de uma linguagem para se escrever literatura diferente daquela que se usa para falar:

> – Vá para o inferno, Gondim. Você acanalhou o troço. Está pernóstico, está safado, está idiota. Há lá ninguém que fale dessa forma!
>
> Azevedo Gondim apagou o sorriso, engoliu em seco, apanhou os cacos da sua pequenina vaidade e replicou amuado que um artista não pode escrever como fala.
>
> – Não pode? perguntei com assombro. E por quê?
>
> Azevedo Gondim respondeu que não pode porque não pode.
>
> – Foi assim que sempre se fez. A literatura é a literatura, seu Paulo. A gente discute, briga, trata de negócios naturalmente, mas arranjar palavras com tinta é outra coisa. Se eu fosse escrever como falo, ninguém me lia. (*SB*, 9)

A essa concepção da literatura, que expressa uma posição de classe determinada, Graciliano Ramos opõe um outro projeto, que se materializa na narração de Paulo Honório. E em que consiste esse projeto? Em fazer com que um narrador subletrado, que não compartilhou da instrução oferecida aos filhos da elite, se aproprie do código lingüístico dessa elite e o submeta a um processo de vulgarização durante seu relato, aproximando-o da *sua* língua de homem inculto. "Se se pode afirmar que todo grupo social tem uma língua própria, deve-se todavia notar (salvo raras exceções) que entre a língua popular e a das classes cultas há uma contínua aderência e um contínuo intercâmbio" (Gramsci, 1978, p. 26).

Não se trata, portanto, de modificar estruturalmente a língua do dominador para imprimir-lhe feição popular, mas de se apropriar dessas estruturas e colocá-las a serviço da literatura brasileira, de acordo com a necessidade de construção de uma língua literária nacional. Suponho que essa apropriação se vale sem dúvida da força da contradição, inerente ao processo de transformar a língua imposta pela ideologia hegemônica em estrutura literária de questionamento dessa hegemonia:

> [...] el discurso, o el "lenguaje especial", propiamente literario, en el que son representadas las contradicciones ideológicas, no es por sí mismo *exterior* a los conflictos ideológicos, como una vestidura, un velo neutro y neutralizante, que vendría de golpe a recubrir los términos. En relación con tales conflictos no es, pues, secundario, sino constitutivo, implicado a partir de ahora en su producción. *Pues este lenguaje está constituido por los efectos de una contradicción ideológica de clase*, [...] al nivel de los *conflictos lingüísticos* determinados históricamente por el desarrollo, en la formación social burguesa, de la lengua "comun", democrática, y de la escolarización generalizada impuesta a todos [...]. (BALIBAR; MACHEREY, 1975, p. 35)

Nessa perspectiva, a passagem da língua de um dominador (o colonizador português) para a língua de outro dominador (a classe dominante nacional) é problematizada logo no primeiro capítulo de *Vidas secas*:

> Ainda na véspera eram seis viventes, contando com o papagaio. Coitado, morrera na areia do rio, onde haviam descansado, à beira de uma poça: a fome apertara demais os retirantes e por ali não existia sinal de comida. [...] [sinha Vitória] resolvera de supetão aproveitá-lo como alimento e justificara-se declarando a si mesma que ele era mudo e inútil. Não podia deixar de ser mudo. Ordinariamente a família falava pouco. (*VS*, 11)

Matar o papagaio para matar a própria fome estabelece uma homologia com matar a língua do dominador – o que fala sem dizer – para poder falar a própria língua. Um papagaio não fala quando não tem por perto alguém que lhe transmita a língua. Não falando, não tem utilidade, porque não pode oferecer, aos que não falam, a língua de que necessitam se apropriar.

Mas essa relação é complexa e tem uma função na narrativa, a partir do bicho de bela plumagem – portanto exótico e pitoresco –, que tem uma habilidade admirada pelo colonizador: reproduzir a fala. Ao mostrar que as personagens devoram um papagaio *mudo*, o narrador evidencia ao leitor sua opção pela internalização do silêncio das personagens, o mesmo silêncio que as impede de se integrarem à vida social. O ato de comer o papagaio mudo, portanto, está em diálogo polêmico com a antropofagia da primeira fase do modernismo, porquanto em *Vidas secas* a devoração do bicho significa apropriação apenas do silêncio como discurso possível.

Eis a razão por que penso que, a partir dessa homologia, Graciliano estabelece uma relação de coerência entre "falar a língua do dominador" e "escrever na língua do dominador", da qual nasce o incômodo que habita sua obra e pode contaminar o leitor: "o incômodo de quem está escrevendo ou lendo na língua do dominador. Mas agora o dominador já não é só o colonizador português, é a elite brasileira" (Bastos, 2005a, p. 5). Nesse caso, a questão da língua nacional não se restringe ao campo da cultura, mas se amplia para o campo das relações de classe, sem deixar de ser um projeto nacional.

Reconhecer isso é essencial para que possamos entender Graciliano como um escritor cuja obra se aproxima estruturalmente da posição de seu outro de classe, demonstrando extraordinária habilidade para se contaminar de sua perspectiva no enfoque da vida social. Fazendo isso, demarca o limite a que um escritor pôde chegar, no esforço para enxergar o outro de classe, que sempre interessou à literatura brasileira, mas, até então, não havia adquirido tão autêntica visibilidade.

A ficção de Graciliano Ramos, a meu ver, é produzida a partir da noção que o escritor tem de estar lidando com uma língua literária específica, que só se pôde formar graças ao choque entre a língua "culta" e a forma de expressão "inculta", que a vulgarizou, ou seja, transformou-a em produção cultural em colaboração com o "vulgo". A língua literária nacional – "nacional", aqui, entendido no sentido de sua estreita relação com o popular, relação essa que os torna inseparáveis, o nacional-popular a que se refere Gramsci – *é produto desse choque*. E como tal pode ser identificada nas obras de outros escritores, estivessem eles conscientes ou não da contradição que a produção literária manifesta.

Em *Vidas secas*, já que não há um narrador-personagem para explicitar essa mediação, temos de procurar a língua literária nacional no procedimento discursivo do autor. E lá encontramos um narrador incomodado pelo uso da língua como signo de poder, cujo discurso se choca com os cacos de silêncio da personagem Fabiano. A relação entre ambos, à medida que se desenvolve a narrativa, só faz aumentar o incômodo, porque se insinua uma brutalidade latente, inerente a toda relação de dominação. Se a realidade que se representa na obra é brutal, penso que é assim pela inevitável relação que se estabelece entre o modo de produção literário e o modo de produção da sociedade em que a obra se produz. Nesse caso, *Vidas secas* é a representação da brutalidade: a da vida social e a da literatura.

Formas de reificação na obra de Graciliano Ramos

Aquello contra lo que los individuos nada pueden y que los niega es en lo que se convierten.
(ADORNO, 1975, p. 342-343)

Em uma passagem do capítulo "Festa", os meninos de *Vidas secas* apreendem o mundo exterior ao ambiente rural em que vivem com espanto, admiração e temor. Seus olhares são seduzidos pelos produtos em exibição nas lojas, nas barracas e na mesa do leilão. Primeiramente surge o espanto diante da impensável quantidade de pessoas existentes no mundo; e também da "enorme quantidade de objetos" diante de seus olhos. Intriga-os a origem de "tantas maravilhas juntas", e os meninos oscilam entre ter certeza de que tudo "tinha sido feito por gente" ou atribuir a tudo um caráter misterioso das coisas "livres dos nomes" – não era possível que todos aqueles objetos tivessem nomes, como "podiam os homens guardar tantas palavras?". Então, por serem bonitas, distantes, misteriosas e encerrarem "forças estranhas", aquelas coisas não podiam ter sido feitas por gente:

> Agora olhavam as lojas, as toldas, a mesa do leilão. E conferenciavam pasmados. Tinham percebido que havia muitas pessoas no mundo. Ocupavam-se em descobrir uma enorme quantidade de objetos. Comunicaram um ao outro as surpresas que os enchiam. Impossível imaginar tantas maravilhas juntas. O menino mais novo teve uma dúvida e apresentou-a timidamente ao irmão. Seria que aquilo tinha sido feito por gente? O menino mais velho hesitou, espiou as lojas, as toldas iluminadas, as moças bem vestidas. Encolheu os ombros. Talvez aquilo tivesse sido feito por gente. Nova dificuldade chegou-lhe ao espírito, soprou-a no ouvido do irmão. Provavelmente aquelas coisas tinham nomes. O menino mais novo interrogou-o com os olhos. Sim, com certeza as preciosidades que se exibiam nos altares da igreja e nas prateleiras das lojas tinham nomes. Puseram-se a discutir a questão

intrincada. Como podiam os homens guardar tantas palavras? Era impossível, ninguém conservaria tão grande soma de conhecimentos. Livres dos nomes, as coisas ficavam distantes, misteriosas. Não tinham sido feitas por gente. E os indivíduos que mexiam nelas cometiam imprudência. Vistas de longe, eram bonitas. Admirados e medrosos, falavam baixo para não desencadear as forças estranhas que elas porventura encerrassem. (*VS*, 83-84)

A sedução que sobre os garotos exercem as mercadorias expostas durante a festa religiosa – tanto as sagradas quanto as profanas ("preciosidades que se exibiam nos altares da igreja e nas prateleiras das lojas") – transforma-se em misteriosa atração, acompanhada por uma instintiva noção de perigo: era imprudência tocar nelas.

Apresenta-se aos filhos de Fabiano o mundo da forma-mercadoria, do qual o vaqueiro pode fazer parte somente se conseguir se transformar no trabalhador moderno, possibilidade que não se coloca em seu horizonte, dada a precariedade das relações de trabalho que mantém, apenas temporária e esporadicamente, com os proprietários de terras. A cidade, então, apresenta-lhes o mundo moderno da produção, do qual estão alijados e no qual a sedução da mercadoria promete a satisfação das necessidades – e até a felicidade – pelo consumo. Nesse sentido, estar fora das relações de consumo é estar marginalizado, na medida em que o valor do trabalho de Fabiano sequer chega a se configurar como tal, por se circunscrever ao âmbito de relações pré-capitalistas de produção. O poder de sedução da forma mercadoria está representado no texto pela percepção que os garotos têm de que, como foram "feitas por gente", são produtos do trabalho, daí sua misteriosa atração:

> O misterioso da forma mercadoria consiste, portanto, simplesmente no fato de que ela reflete aos homens as características sociais do seu próprio trabalho como características objetivas dos próprios produtos de trabalho, como propriedades naturais sociais dessas coisas e, por isso mesmo, também reflete a relação social dos produtores com o trabalho total como uma relação social existente fora deles, entre objetos. [...] Não é mais nada que determinada relação social entre os próprios homens que para eles aqui assume a forma fantasmagórica de uma relação entre coisas. [...] Isso eu chamo o *fetichismo* que adere aos produtos de trabalho, tão logo são produzidos como mercadorias,

e que, por isso, é inseparável da produção de mercadorias. (MARX, 1983, p. 71. Grifo meu)

De certa forma, o perigo intuído pelas crianças advém do poder de sedução da forma-mercadoria, contra o qual, no entanto, sua ingenuidade ainda as preserva. Algo mais fundo, que à sensibilidade infantil não é permitido apreender, revela-se no temor que lhes infundem as mercadorias exibidas nos altares da igreja e nas vitrines das lojas, ou "as forças estranhas que elas porventura encerrassem": a impregnação de sua forma pela moderna divisão do trabalho, que, no caso de *Vidas secas*, está presente – sem ser mencionada – ao longo de toda a narrativa:

> A maior divisão entre o trabalho material e o intelectual é a traduzida pela separação da cidade e do campo. [...] A cidade é o resultado da concentração da população, dos instrumentos de produção, do capital, dos prazeres e das necessidades, ao passo que o campo põe em evidência o fato oposto, o isolamento e a dispersão. A oposição entre a cidade e o campo só pode existir no quadro da propriedade privada; é a mais flagrante expressão da subordinação do indivíduo à divisão do trabalho, da subordinação a uma atividade determinada que lhe é imposta. Esta subordinação faz de um habitante um animal da cidade ou um animal do campo, tão limitados um como o outro, e faz renascer todos os dias a oposição entre os interesses das duas partes. O trabalho é aqui ainda o mais importante, o poder sobre os indivíduos, e enquanto este poder existir haverá sempre uma propriedade privada. (MARX, s/d, p. 29)

As personagens de *Vidas secas* revelam o modo específico de cada um deles se relacionar com o trabalho. Fabiano monta cavalos, cura bicheiras, além de "encher os cestos, dar pedaços de mandacarus ao gado". Sinha Vitória cuida dos afazeres da casa e das atividades próximas a ela, assim como da educação das crianças. Os dois filhos acompanham ora o pai, ora a mãe, no aprendizado das tarefas do cotidiano. Até mesmo a cachorrinha Baleia auxilia Fabiano a reunir o gado. Trata-se de uma divisão do trabalho a partir do núcleo familiar e do papel que cabe ao pai e à mãe nesse núcleo: respectivamente o do provedor, aquele do qual depende a sobrevivência da família, e o da responsável pela manutenção de uma ordem interna no âmbito familiar. As tarefas que desempenham no dia-a-dia são ações planejadas por suas consciências, em função da capacidade que possuem de antever a realidade e as necessidades que deverão suprir. Essas relações que cada um, na sua função familiar, mantém com suas atividades – o trabalho – é que os diferencia das outras espécies biológicas como seres sociais.

O trabalho a que se entregam as personagens constitui-se historicamente como práxis, porque é, antes de tudo, uma relação do homem com a natureza, por meio da qual ele satisfaz suas necessidades e se afirma como ser objetivo, ou seja, como um ser que é objeto de algo fora de si – a natureza, que age sobre o homem – e, ao mesmo tempo, como ser que age sobre um objeto fora de si – a natureza, que sofre a ação do homem. Essa objetividade configura o trabalho como categoria ontológica do ser social – sua protoforma –, na qual se encontram os elementos determinantes da vida humana em sociedade.

> El carácter fundamental del trabajo en la hominización del hombre, se revela también en que la constitución ontológica del trabajo constituye el punto de partida genético para una cuestión vital que mueve profundamente a los hombres a través de toda su historia: la libertad. (LUKÁCS, 2004, p. 165)

Assim, o homem que se constitui como produto de seu próprio trabalho – de sua práxis: processo de ação sobre a natureza – é ontologicamente livre na objetividade de sua relação com o meio, e sua liberdade se vincula a uma base sociomaterial, que é o domínio econômico da necessidade.

Essa vinculação

> muestra la libertad del género humano como producto de su propia actividad. La libertad, e incluso su necesidad, no son algo dado naturalmente, ni un regalo concedido desde 'lo alto'; tampoco un componente – de origen misterioso – de la esencia humana. Es el producto de la propia actividad humana, que, sin duda, siempre arriba concretamente a resultados diversos de los deseados, pero en sus consecuencias reales amplía – objetivamente – en forma continua el campo de las posibilidades de la libertad. (p. 50)

Na sociedade produtora de mercadorias, o trabalho do homem se projeta para além da satisfação de suas necessidades: é cristalizado ou conformado em um valor, no sentido em que adquire, socialmente, "forma de valor". Estamos já no campo em que uma relação *humana* adquire a forma de uma propriedade de *coisas*, vinculada ao processo de distribuição do trabalho na produção de mercadorias. Trata-se, em suma, de relações reificadas de produção entre pessoas.

Nessa perspectiva, as personagens de *Vidas secas* constituem por si só um problema para o narrador, por se inserirem em uma configuração histórica específica do capitalismo à brasileira: dado o caráter desigual do processo de modernização, Fabiano e sua família encontram-se no domínio geo-histórico das forças resistentes às exigências modernizadoras emanadas do litoral, submetidos por relações de produção pré-capitalistas, que persistem no interior do modo de produção moderno. A visão de mundo burguesa rejeita a manutenção de tais práticas por comprometedoras do seu ideal liberal, mas, ao mesmo tempo, finge ignorá-las, porque são eficazes para manter acomodadas as relações de dominação.

Quando me refiro à "sociedade produtora de mercadorias", uma objeção a essa expressão poderia ser a de que, historicamente, toda sociedade desenvolve a produção de mercadorias. Por isso é importante esclarecer que, na perspectiva marxiana, refiro-me não à "produção em geral", que engloba algumas determinações da produção comuns a todas as épocas históricas, mas ao modo de produção no qual a relação entre as mercadorias se cristaliza em um valor de troca que aliena o valor do trabalho utilizado para produzi-las: a época histórica da produção burguesa moderna (Marx, 1982, p. 4).

"A circulação dos produtos do trabalho, na medida em que estes adquirem propriedades sociais específicas, de valor e de dinheiro, não só expressa relações de produção entre os homens, mas as cria" (Rubin, 1987, p. 25). Na medida em que é atribuído um valor ao produto do trabalho – o que decorre não de seus atributos naturais, mas das relações de produção que o conformam nas relações sociais de produção – pode-se afirmar que "as relações sociais de produção não são apenas 'simbolizadas' por coisas, mas realizam-se através de coisas" (p. 26).

> Todo tipo de relação de produção entre pessoas confere uma 'virtude social', uma 'forma social' específica às coisas através das quais as pessoas mantêm relações diretas de produção. Essa determinada coisa, além de servir como valor de uso, como objeto material com determinadas propriedades que a tornam um bem de consumo ou

> um meio de produção, isto é, além de desempenhar uma *função técnica* no processo de produção material, desempenha também a *função social* de vincular as pessoas. (p. 35)

Isso posto, verificamos a inversão: no lugar de relações materiais entre pessoas produtoras de coisas, passamos a ter as relações sociais entre as coisas produzidas pelas pessoas. Aquilo que a pessoa produz capacita-a a estabelecer relações sociais com as outras pessoas na forma social que lhe é conferida: a do capitalista, a do trabalhador. Pensemos, pois, na forma social conferida às personagens de *Vidas secas*, que é bastante peculiar: Fabiano obviamente não é proprietário, porque o dono da fazenda em que se aloja com a família dá o ar da graça junto com as chuvas; mas o vaqueiro também não é um trabalhador, no sentido moderno do termo, já que o salário que deveria receber é sistematicamente convertido em dívida – acrescida de juros –, o que o coloca no regime de semi-escravidão, do qual, em tese, ele pode – mas não consegue – sair a qualquer momento. Trata-se, portanto, de alguém que é reconhecido como trabalhador de fato, mas, de direito, não usufrui daquilo a que os trabalhadores têm acesso, porque o produto (coisa) de seu trabalho tem o valor sistematicamente escamoteado.

A forma social que distingue as pessoas no modo de produção capitalista é cristalizada, independentemente da existência da pessoa que inicialmente a originou: ela é agregada e preservada na coisa mesma, desvinculada do produtor. Esse é o "valor", que acompanha a coisa no processo de troca e continua subsistindo mesmo quando essa mercadoria conclui seu percurso nesse processo. Esse valor agregado à mercadoria torna-se, assim, um pré-requisito para novos produtores, e a coisa deixa de ser mera "expressão" de um determinado tipo de relações entre pessoas para se tornar "portadora" dessas relações. Temos então o correspondente dialético da reificação das relações de produção entre as pessoas: a personificação das coisas (p. 36-37).

Lukács (2003) assim descreve o fenômeno da reificação:

> [...] o desenvolvimento do capitalismo moderno não somente transforma as relações de produção conforme sua necessidade, mas também integra no conjunto do seu sistema as formas do capitalismo primitivo que, nas sociedades pré-capitalistas, levavam uma existência

isolada e separada da produção, e as converte em membros do processo doravante unificado de capitalização radical de toda a sociedade (capital mercantil, função do dinheiro como tesouro ou como capital financeiro etc.). Embora essas formas do capital estejam objetivamente submetidas ao processo vital próprio do capital, à extração da mais-valia na própria produção, elas só podem ser compreendidas, portanto, a partir da essência do capitalismo industrial, mas aparecem, na consciência do homem e da sociedade burguesa, como formas puras, verdadeiras e autênticas do capital. (LUKÁCS, 2003, p. 211)

Por isso a reificação se configura para esse filósofo como uma "estrutura de consciência":

> O caráter mercantil da mercadoria, o modo quantitativo e abstrato da calculabilidade aparecem aqui sob uma forma mais pura. Sendo assim, para a consciência reificada, esta se torna, necessariamente, a forma de manifestação de seu próprio imediatismo, que ela, enquanto consciência reificada, não tenta superar. Ao contrário, tal forma tenta estabelecer e eternizar esse imediatismo por meio de um "aprofundamento científico" dos sistemas de leis apreensíveis. Do mesmo modo]que o sistema capitalista produz e reproduz a si mesmo econômica e incessantemente num nível mais elevado, a estrutura da reificação, no curso do desenvolvimento capitalista, penetra na consciência dos homens de maneira cada vez mais profunda, fatal e definitiva. (p. 211)

Assim, os valores da moderna divisão do trabalho[14] penetraram em todas as esferas da vida social, até mesmo na "ética" e no psiquismo dos indivíduos, uniformizando a visão de mundo da sociedade capitalista. De modo que o capitalismo termina por produzir, "com uma estrutura econômica unificada para toda a sociedade, uma estrutura de consciência – formalmente – unitária para o conjunto dessa sociedade" (p. 221), resultando em que "os problemas de consciência relacionados ao trabalhador assalariado se repetem na classe dominante de forma refinada, espiritualizada, mas, por outro lado, intensificada" (p. 222). Daí que nessa sociedade essa estrutura de consciência se estenda sobre

---

[14] Segundo Marx, a moderna divisão do trabalho é o "ponto de partida histórico da produção capitalista": "um grande número de operários trabalhando ao mesmo tempo sob as ordens do mesmo capital, no mesmo espaço (ou se o preferirem no mesmo campo de trabalho), com a finalidade de produzir o mesmo gênero de mercadorias" (MARX, 1975, p. 81).

todas as formas de relacionamento entre as pessoas, submetendo-as física e psicologicamente a essa "forma de objetivação" (p. 223). Por isso, para Lukács, nem mesmo a relação amorosa escapa ao processo de reificação na sociedade moderna.

Essa mesma moderna divisão do trabalho, caracterizada pela especialização crescente, resultou também na perda de "toda imagem de totalidade", pela necessidade de compartimentar a vida social para facilitar sua administração, num processo de racionalização das relações sociais, pelo qual as diferentes atividades das pessoas se relacionam não com o todo da sociedade, mas com uma esfera aparentemente autônoma da vida social. A esse respeito, lembro a citação de *Vidas secas* no início deste capítulo, que evidencia a fragmentação da perspectiva dos meninos na apreensão da realidade, pela qual cada fragmento é uma mercadoria. Junto ao olhar das crianças está o olhar do narrador e, por trás deste, o do escritor, que acompanha o espetáculo da reificação e dele participa.

Assim é com a arte, que participa da sociedade reificada. Pelo simples fato de participar, concorre para legitimar a reificação abrangente que o modo capitalista de produção estende a todas as esferas da sociedade. Mas seu caráter ambíguo está em que, ao mesmo tempo em que participa da reificação, é também um espaço legítimo para questionar essa mesma sociedade. Reificando-se, a arte evidencia a reificação da vida social. Ao fazer isso, concretiza a possibilidade de combatê-la, não de um ponto de vista externo ao processo social, mas como atividade que participa dele. Eis aí a ambigüidade com que tem de lidar: ao mesmo tempo em que serve ao processo de reificação porque é sua legitimadora, a arte se constitui em instrumento que pode combater esse processo. A literatura, como as demais formas de arte, apresenta também essa ambigüidade. Ao se apoderar dos códigos e técnicas literárias herdados de uma tradição, o escritor está lidando com objetualidades de representação já em si reificadas, produzidas sob a mesma lógica que produz o alheamento e a sujeição do indivíduo às "leis" do mercado e do corpo jurídico da sociedade administrada, à imposição de uma linguagem única, enfim, ao aparato de autocontrole dessa sociedade. Daí que nem mesmo o terreno do imaginário, instância em que se produzem as artes e a literatura, escapa a essa lógica interna da sociedade capitalista.

Essa lógica é a da especialização do trabalho e concorre para a reificação também da literatura, que é um fazer especializado dentro do corpo social. Por isso seu caráter político não está naquilo que o texto literário diz, embora esse dizer possa ser também político: está antes na consciência que tem o escritor de estar lidando com uma arte que, vista como produção de um setor à parte da vida social, é instrumento legitimador do mundo reificado. E essa consciência leva a literatura a evidenciar e combater a reificação. Para Adorno,

> a reificação de todas as relações entre os indivíduos, que transforma suas qualidades humanas em lubrificante para o andamento macio da maquinaria, a alienação e a auto-alienação universais, exigem ser chamadas pelo nome, e para isso o romance está qualificado como poucas outras formas de arte. (2003, p. 57)

A reificação da literatura decorre do fato de o escritor ser um produtor, inserido em uma prática social historicamente caracterizada pelo modo de produção capitalista. Como tal, o escritor está sujeito à mesma lógica da produção de mercadorias. Portanto, "antes de perguntar como uma obra literária se situa no tocante às relações de produção da época, gostaria de perguntar: como ela se situa *dentro* dessas relações?" (BENJAMIN, 1985, p. 122). O foco, então, da análise da obra como produção social e, como tal, sujeita às leis da oferta e da demanda, ou seja, do mercado de circulação e consumo de mercadorias, deve ser direcionado para o escritor/intelectual, porquanto "o lugar do intelectual na luta de classes só pode ser determinado, ou escolhido, em função de sua posição no processo produtivo" (p. 127).

Portanto, a partir da posição de classe do escritor, há duas possibilidades de a obra literária evidenciar a reificação: de um lado, pelo estatuto do escritor como sujeito inserido no modo de produção capitalista; por outro, pela internalização desses processos no texto. Internalizada, a reificação, em uma narrativa, pode aparecer no enredo, na intriga, fazendo parte da história, da vida das personagens. Mas também pode se evidenciar no modo *como* se narra: na forma discursiva, nos procedimentos narrativos, no ponto de vista do narrador, nas relações entre este e as personagens.

Toda a problemática do posicionamento de classe do escritor, discutida no capítulo anterior, está implicada nessas duas possibilidades. A questão do escritor como personagem, decorrente do autoquestionamento da literatura e das escolhas que determinam o modo como o escritor lida com os problemas da mediação, da cultura oral e da língua nacional, liga-se, na origem, ao fato de ele se localizar no fogo cruzado entre a literatura como prática legitimadora da reificação e, ao mesmo tempo, *locus* discursivo em que essa reificação pode ser combatida.

O problema da reificação é abordado neste capítulo, primeiramente, nos romances *Caetés*, *São Bernardo* e *Angústia*, por se tratar de narrativas cujos narradores, conforme indiquei no capítulo anterior, se posicionam a partir de um ponto de vista de classe e, ao assumirem esse ponto de vista, estão sujeitos a reproduzir na narrativa os processos de que participam na vida social. Ademais, essa análise servirá como referência para a comparação com as formas de reificação em *Vidas secas*, posteriormente.

A linguagem e o mundo das coisas: três narradores escritores

> Movemo-nos como peças de um relógio cansado. As nossas rodas velhas, de dentes gastos, entrosam-se mal a outras rodas velhas, de dentes gastos. O que tem valor cá dentro são as coisas vagarosas, sonolentas. Se o maquinismo parasse, não daríamos por isto: continuaríamos com o bico da pena sobre a folha machucada e rota, o cigarro apagado entre os dedos amarelos. Deixaríamos de pestanejar, mas ignoraríamos a extinção dos movimentos escassos. Os rumores externos chegam-nos amortecidos. Que barulho, que revolução será capaz de perturbar esta serenidade? (*Ag*, 152)

O mundo do trabalho em *Angústia* representa-se de modo completamente diferente daquele de *Vidas secas*. Sob a perspectiva de Luís da Silva, plasma-se à visão dessa personagem em relação de complementaridade; o narrador e seu trabalho tornam-se um único e inseparável processo. Reduzido à condição de engrenagem, o homem se entrega ao automatismo dos movimentos mecânicos e repetitivos. Torna-se mais uma coisa no meio de outras. Sua alienação é o lubrificante dos dentes gastos e mal entrosados das rodas velhas da grande maquinaria. Reconhece-se como coisa, mas não mobiliza forças dentro de si para se contrapor ao que o subjuga. Explicita para o leitor essa condição, no contexto de uma narração delirante: apesar dessa consciência, "era na repartição que eu obtinha algum sossego" (p. 152).

Julgo interessante utilizar como suporte da análise dos narradores-personagens de Graciliano Ramos o ensaio de Carlos Nelson Coutinho – "Graciliano Ramos" –, publicado em 1967 (COUTINHO, 1967, p. 139-190). Seu alcance foi limitado pelo recrudescimento da ditadura militar a partir de 1968, como também pela vaga estruturalista que aportou na academia brasileira na década de 1970, criando clima desfavorável – quando não hostil – aos estudos literários de orientação marxista. No que tange a esse último fator, há de se notar a permanente polêmica desse crítico com seus pares acadêmicos, que resultou na publicação de *O estruturalismo e a miséria da razão*, em 1972.

É inegável que Coutinho contribui decisivamente para a elucidação do lugar de Graciliano Ramos, enquanto intelectual, no processo social e também de seus romances no interior das relações de produção da sociedade brasileira. Por isso retomo seu trabalho, que é importante recuperar, até porque polemiza em alguns momentos com os escritos de Antonio Candido sobre Graciliano Ramos.

Trabalhando com as categorias básicas de "herói problemático", "valores autênticos" e "mundo convencional e vazio" do jovem Lukács – até o ponto em que esses conceitos "não entrem em contradição, podendo ser assimilados, com a teoria *marxista* do romance exposta nas obras do Lukács da maturidade" (COUTINHO, 1967, p. 144) –, é um dos primeiros a apontar a "originalidade estrutural" de Graciliano Ramos, que representa a "crise estrutural" da sociedade. Essa crise se traduz na incapacidade que têm suas personagens, em homologia com a burguesia brasileira, de "abrir-se para uma vida comunitária e autenticamente humana", impotentes para ultrapassar os limites do "restrito campo permitido pelo desenvolvimento vacilante e conciliador de sua classe" (p. 157).

De fato, dos narradores-personagens de *Caetés*, *São Bernardo* e *Angústia*, esse estudioso ressalta nos dois últimos – Paulo Honório (juntamente com Madalena) e Luís da Silva – o acabamento do "herói problemático" lukacsiano. Em *São Bernardo* o foco da narrativa é

> o conflito que opõe, por um lado, as forças que reduzem o homem a uma vida mesquinha e miserável no interior da alienação do "pequeno mundo" individual, e, por outro, as que impulsionam o homem a

descobrir um sentido para a vida em uma "abertura" para a comunidade e a fraternidade e na superação da solidão. [Paulo Honório e Madalena, respectivamente (p. 152)]

Ambos são "heróis problemáticos", embora de naturezas diferentes. Aquele, em seu papel de modernizador, choca-se com o mundo semifeudal estagnado do Nordeste brasileiro, mas não renuncia completamente a seus valores. Aquela, portadora do sonho de construção de uma comunidade humana autêntica, fundada nos valores da fraternidade e da solidariedade, choca-se com os limites carcerários do "pequeno mundo" e, ao constatar a impossibilidade de viver autenticamente em um mundo inautêntico e alienado, mata-se.

Nesse romance, a relação de reificação entre as personagens está no centro do conflito. Por sua condição de proprietário da fazenda e por seu papel de modernizador, Paulo Honório submete todos com que se relaciona ao processo de reificação; seu critério para se relacionar com as pessoas é a utilidade que lhe possam ter: "Enjoou o Padilha, que achou 'uma alma baixa' (Aí eu expliquei que a alma dele não tinha importância. Exigia dos meus homens serviços: o resto não me interessava.)" (*SB*, 87). A partir dessa utilidade, atribui-lhes um valor que julga possuir. Até mesmo quando decide se casar, "busca a mulher como quem busca um objeto, uma propriedade" (COUTINHO, 1967, p. 154). Um dos vértices do conflito desse narrador será justamente a resistência de Madalena, a teimosa autonomia que a leva a insistir "no rompimento com o 'pequeno mundo', na abertura para uma autêntica comunidade humana" (p. 154). A força reificadora de Paulo Honório advém de sua cega submissão ao desejo de lucro e de extensão constante de seus domínios: "ele aliena-se à fazenda, é possuído por sua própria paixão" (p. 153), sendo também ele uma consciência reificada que se reproduz nos outros com os quais se relaciona.

O narrador de *São Bernardo*, ao tentar produzir sua narração "pela divisão do trabalho", evidencia sua perspectiva a partir de um modo de produção que vê a literatura como mercadoria. Na seqüência, ao recusar essa divisão do trabalho e optar pela individuação do processo de fatura da obra, coloca-se como um homem de cinqüenta anos, para quem "a idade, o peso, as sobrancelhas cerradas e grisalhas, este rosto vermelho e cabeludo, têm-me rendido muita consideração. Quando me faltavam essas qualidades, a consideração era menor." (*SB*, 12) Previne assim o leitor de que os fatos que narrará são dignos de credibilidade, por se originarem de alguém que goza de prestígio social. Ao longo do relato, entretanto, vai configurando para o leitor sua tomada de consciência da perda de humanidade que sofreu, da vacuidade desse "pequeno mundo" que construiu e de sua inutilidade para lhe proporcionar a realização como ser humano. E isso tanto mais se dá quanto mais o narrador constrói a personagem Madalena como seu contraponto.

Ao término, assediado por essa consciência que lhe retira toda a vitalidade modernizadora demonstrada no início da narrativa, o que lhe resta é o aniquilamento. O poder que exercia sobre toda a sua propriedade – e sobre as pessoas ao seu redor – é substituído pela apatia ("Seria conveniente dar corda ao relógio, mas não consigo mexer-me.") e pela prostração ("E eu vou ficar aqui, às escuras, até não sei que hora, até que, morto de fadiga, encoste a cabeça à mesa e descanse uns minutos." – *SB*, 171).

Ao evidenciar o processo de reificação das personagens, *São Bernardo* evidencia também a reificação da própria literatura, na medida em que o *locus* discursivo de onde emana o processo narrativo é a consciência reificada de Paulo Honório:

> O homem reificado é este aleijão que ele nos descreve e vemos por toda parte: o coração miúdo e uma boca enorme, dedos enormes. O sentimento de propriedade, que unifica todo o romance do qual o ciúme é apenas uma modalidade, distorce o homem desta maneira radical. A vida agreste, que o fez agreste, é a culpada por Paulo Honório não ser capaz de enxergar Madalena. A vida agreste são as lutas pela propriedade, pelo rebanho, pelas plantações de algodão e mamona, pelo poder e pelo capital. O homem agreste é aquele ser no qual se transformou Paulo Honório: egoísta e brutal, não consegue compreender a mulher, pois é incapaz de senti-la em sua integridade humana e em sua liberdade, e a considera apenas como mais uma coisa a ser possuída. (LAFETÁ, 2004, p. 91)

De *Angústia* Carlos Nelson Coutinho destaca o caráter "tecnicamente" vanguardista, pelo uso do monólogo interior por livre associação de idéias e pela fragmentação temporal, características que o aproximam "das mais audaciosas experiências do romance da decadência" (COUTINHO, 1967, p. 161). Ao lado desse vanguardismo, extrapolando a imediaticidade da técnica, tem-se a mesma "estrutura clássica" identificada em *São Bernardo*, ou seja, o "respeito pelas leis universais da grande arte épica", conforme identificada por Lukács no "realismo clássico" do final do século XIX. Reafirmando que toda "inovação formal [...] decorre da necessidade de expressar um conteúdo novo, de concretizar artisticamente o enfoque de um novo ângulo da realidade", reconhece nesse romance o conteúdo novo como expressão da "acentuação dramática das paredes do 'pequeno mundo', do cárcere da solidão e da impotência em que está encerrado o homem brasileiro" (p. 161).

No relato de Luís da Silva, "último membro de uma família rural em decadência" (p. 162), Coutinho identifica um deslocamento sociogeográfico (do mundo agrário para o mundo urbano) suficiente para situar o narrador em um nível mais avançado do desenvolvimento capitalista, no qual a ascensão social individual, protagonizada por Paulo Honório em *São Bernardo*, já não é possível. Em *Angústia*, a miséria e a inferioridade econômica e social do narrador são a base sobre a qual se erigem as "deformações psíquicas do personagem, sua frustração agressiva e sua incapacidade de equilíbrio" (p. 1621), cujo resultado são as "graves concessões e compromissos: a bajular, a se vender como jornalista e como artista. A se tornar, em suma, um 'bicho', uma 'coisa'" (p. 163). O trabalho alienado é o peso que esmaga os sonhos e projetos que levaram Luís da Silva a migrar para a cidade em busca do lugar social de intelectual. Esse narrador auto-irônico "descreve com exatidão a vida mesquinha [...], dividida entre a repartição onde trabalha mecanicamente e a redação do jornal, onde vende, não sem conflitos íntimos, a sua consciência" (p. 163). Matar Julião Tavares, seu outro – que é de sua mesma classe, mas é seu oposto – , figuração do que jamais chegaria a ser, representa a possibilidade de "recuperar o equilíbrio perdido, afirmar-se como homem autêntico, superar a sua condição de coisa inerte e desprezível" (p. 165).

Para Coutinho, essa narrativa coloca a impossibilidade de o pequeno-burguês poder se "libertar da miséria e da alienação do 'pequeno mundo'", porquanto "o ato puramente individual de Luís da Silva não altera a realidade, nem sequer a sua própria realidade individual". Como Graciliano Ramos se recusa a recorrer a uma solução narrativa conveniente, o incômodo de *Angústia* reside em que o leitor reconhece nas situações em que estão engajadas as personagens não a transcendência da condição humana, mas as "condições objetivas e históricas, notadamente da posição de classe dos tipos representados e da alienação do mundo em que vivem" (p. 166-7).

São Bernardo e *Angústia*, comparados com *Caetés* por Coutinho, revelam semelhanças – a utilização da personagem narrador, por exemplo –, mas guardam também diferenças fundamentais. Enquanto o primeiro e o último são "tecnicamente não-problemáticos: um ligado às técnicas específicas do naturalismo, outro às do romance realista tradicional" (p. 168), no segundo "o monólogo interior (em sua forma radical de *stream of consciousness*) substitui freqüentemente, como técnica narrativa, a narração épica tradicional". E é utilizado por Graciliano Ramos "como um *instrumento* do realismo, nunca um fim em si mesmo", ao contrário do que comumente acontece com o uso desorgânico, para Coutinho, que dele fazem as narrativas que promovem "a 'revelação' simbólico-alegórica de abstrações vazias e pseudo-profundas" (p. 170). Isso, aliado ao "emprego de um tríplice tempo", promove "um fantástico universo de fragmentação e estilhaçamento", mas com uma particularidade que o distancia do romance de "vanguarda" moderno, no qual essas técnicas resultam apenas na "expressão de um *ponto de vista* subjetivo sobre o real": em *Angústia* essas técnicas "são englobadas pela narrativa épica tradicional, que representa as ações humanas como uma dialética de sujeito e de objeto, de consciência e de realidade." Daí que "a solidão das suas personagens não é senão uma forma possível de integração no social" (p. 168-169).

É com alguma restrição que recebo a crítica de Coutinho a *Caetés*, sobre o qual afirma taxativamente tratar-se de um romance naturalista, por negar o *"herói problemático"*. Imputa-lhe o fato de se limitar "à descrição do *mundo convencional* e *vazio*, isto é, à reprodução superficial de ambientes e de indivíduos médios (cotidianos)" (p. 146). Isso talvez se dê porque esse crítico estabelece *a priori* as categorias lukacsianas que nortearão sua análise, em função das quais constrói sua expectativa crítica: "Só uma literatura que represente estes dois momentos – a saber, o mundo alienado e os homens que lutam contra a alienação, podendo esta luta ser trágica, cômica, tragicômica ou vitoriosa – está capacitada a reproduzir a dialética essencial da contraditória realidade moderna" (p. 146).

Sob essa perspectiva, *Caetés* se apresenta então como uma narrativa que "não ultrapassa a representação da superfície da realidade; trata-se de uma crônica, do relato quase jornalístico de uma cidade do interior nordestino" (p. 147. Também não há uma hierarquia na ordenação das personagens, colocando-se o narrador João Valério no mesmo nível de importância dos demais tipos que circulam pelo cotidiano de Palmeira dos Índios, o qual não apresenta o "movimento" do herói. O conflito central da narrativa é classificado como "tênue" (o envolvimento amoroso do narrador com a mulher do patrão), e a realidade apresentada pelo romance é "estática", assim como são "estáticas" suas personagens, "sem nenhuma modificação essencial do princípio ao fim do romance" (p. 149). Por privilegiar o "método descritivo" em detrimento do "método narrativo",[15] *Caetés* não tem como finalidade principal "a descrição de tipos vivos e concretos, mas a reprodução de 'ambientes', [...] fazendo "uso exagerado das técnicas descritivas, aptas a reproduzir coisas (ou homens-coisas) e não concretas ações humanas." (p. 149).

Finalmente, Coutinho assim sintetiza sua análise:

> Comparado com a generalidade dos nossos romances naturalistas, *Caetés* revela indubitavelmente um saldo positivo. Inexiste nele inteiramente, sendo este um dos seus maiores méritos, aquela tendência a superar a mediocridade naturalista através da descrição de quadros patológicos e exóticos. O romance apresenta uma contenção estilística positiva, uma reação salutar contra a "ênfase' romântica dos nossos naturalistas. Por outro lado, a profunda ironia do autor revela uma atitude crítica em face da estagnação social. Contudo, essa insatisfação é apenas do autor, não se encarnando concretamente em nenhum personagem [...]. (p. 150)

Neste ponto, recorro a Candido (1992), para quem as características naturalistas de *Caetés* são insuficientes, por si só, para neutralizar o processo pelo qual, "em cenas admiráveis [...] soldam-se a descrição dos incidentes e a caracterização dos personagens, formando unidades coesas, na medida em que são atravessadas pelo solilóquio, isto é, pela obsessão do

---

[15] Lukács caracteriza o método descritivo, associado ao naturalismo, e o método narrativo, predominante no realismo, no ensaio "Narrar ou descrever?" (LUKÁCS, 1968, p. 47-100), produzido em polêmica com os escritores russos do "realismo socialista".

narrador" (p. 17). Quer dizer que, em lugar da "representação de superfície da realidade" vista por Coutinho, Candido apreende, a par da técnica de "molde queirosiano", "a preocupação ininterrupta com o caso individual, com o ângulo do indivíduo singular, que é – e será – o seu modo de encarar a realidade. No âmago do acontecimento está sempre o coração do personagem central, dominante, impondo na visão das coisas a sua posição específica" (p. 17-18). E exemplifica essa percepção com a transcrição do episódio do jogo de baralho, em que se articulam o diálogo dos jogadores e as reflexões do narrador-personagem, evidenciando que "o pormenor banal, tão caro às tendências naturalistas, é alinhavado e tornado significativo pela presença constante dos problemas pessoais de João Valério". Assim, estabelece-se para o leitor uma "perspectiva dupla em que o personagem é revelado pelos fatos e estes se ordenam mediante a iluminação projetada pelos problemas do personagem" (p. 19).

Fica mais claro, então, o processo pelo qual as personagens desse romance são sujeitadas pela reificação, porquanto essa perspectiva dupla as configura como reproduções da consciência reificada do próprio narrador. Conforme mencionei no capítulo anterior, a esse processo sequer escapa o livro que João Valério tenta escrever. Por isso considero legítimo supor que as notações naturalistas identificadas por Coutinho, assim como a ausência de hierarquia entre as personagens, consistem em estratégia da forma literária com vistas a evidenciar a condição de engrenagem a que se reduzem os tipos sociais representados na narrativa, emparedados na visão de mundo de sua classe. Como estratégia, aliás, a "economia interna" de *Caetés* resulta do que Candido denominou "exercício de técnica":

> O modo difuso de representação do conflito é amplamente compensado pela rigorosa composição do livro: o lento andamento rítmico ampara-se na minuciosa descrição dos ambientes, o que dá um tom de crônica de província a *Caetés*. Mas a digressão característica deste tom é, por sua vez, compensada pela rigidez do esquema de desenvolvimento do conflito. [...] Embora não perca nunca a funcionalidade dos motivos introduzidos na história, Graciliano Ramos deixou ir um pouco longe demais a crônica de costumes: é como se o narrador fugisse do conflito central e, para não contá-lo, passasse a tagarelar infindavelmente por outros assuntos. (LAFETÁ, 2001, p. 102)

Candido (1992) ainda aponta em *Caetés* a forma embrionária em que se evidenciam alguns procedimentos que serão mais fortemente desenvolvidos nos livros posteriores de Graciliano Ramos. Destaca a técnica do devaneio como recurso do narrador-personagem, que lhe permite "elaborar situações fictícias que compensam as frustrações da realidade" e que, mais tarde, em *Angústia*, evoluirá para o "crispado monólogo interior, onde à evocação do passado vem juntar-se uma força de introjeção que atira o acontecimento no moinho da dúvida, da deformação mental [...]" (p. 20). Coutinho parece, entretanto, ter passado ao largo dessas observações de Candido, embora os ensaios deste último, de 1955, tenham sido escritos dez anos antes de *Literatura e humanismo*.

Essas diferenças de análise confirmam um dos princípios da crítica materialista, de que o método crítico se faz como processo, e não como estabelecimento apriorístico de um arcabouço teórico-metodológico, ao qual a análise literária tem de se conformar para a obtenção de conclusões induzidas. Nesse sentido, mesmo a atividade crítica de perspectiva marxista, ao se cristalizar em um método – ou, em última instância, em uma forma –, corre o risco de negar o fundamental na teoria marxiana: a dialética que preside as relações entre cultura e sociedade. Ao se deixar vitimar por esse risco, a crítica torna-se, também ela, reificada.

Não há dúvida, porém, de que a leitura de Coutinho representa uma inflexão radical à esquerda, no conjunto da fortuna crítica de Graciliano Ramos, tendo ele e Antônio Cândido aberto caminho para que se produzissem, com avanços e retrocessos – dependendo da corrente crítica hegemônica na academia, ao longo dos últimos cinqüenta anos –, estudos significativos, que resultaram na recuperação das relações entre a forma literária e os processos sociais, não apenas no âmbito do romance de 30, mas no conjunto mais amplo dos sistemas literários brasileiro e latino-americano.

Os três narradores-personagens de Graciliano Ramos em *Caetés*, *São Bernardo* e *Angústia* – respectivamente João Valério, Paulo Honório e Luís da Silva – configuram-nos, pois, três pontos de vista internos a uma mesma perspectiva de classe. Melhor dizendo, três indivíduos diferentes social e psicologicamente, entretanto portadores de uma mesma estrutura de consciência, típica da época histórica produtora de mercadorias.

Do pequeno-burguês encarcerado na alienação do cotidiano da província ao grande proprietário dividido entre os valores arcaicos e as exigências da modernização, até chegar ao solitário e impotente herdeiro das ruínas de uma oligarquia rural, temos três diferentes processos de mediação literária. Os três narradores se confrontam com a tarefa de escrever um livro e expõem ao leitor o incômodo de lidar com a linguagem, configurando nesses romances uma dimensão metalingüística em que a "dificuldade da escrita" adquire relevância crucial para a análise da obra de Graciliano Ramos, porque nela se enraíza sua concepção e prática da criação literária: "o apego irresistível à realidade observada ou sentida [...], a lentidão da escrita, escrupulosa, sem ímpeto nem facilidade, [...] a luta por uma visão coesa, partindo de fragmentos isolados pela percepção" (CANDIDO, 1992, p. 74-75).

Em cada um desses processos podemos verificar que o eixo estruturante das narrativas é a posição de classe do narrador-personagem – ou o modo como sobre ele agem e por ele são recebidas as determinações da vida social, a partir de seu ponto de vista específico. O fato de o escritor não tratar como iguais esses narradores e, assim, não se submeter à mesma lógica da aparente unidade e coesão da classe social a que pertencem, evidencia a fragilidade dessa coesão e a permanente ameaça de fratura dessa unidade.

A linguagem e o mundo da falta em *Vidas secas*

Analisar as formas de reificação em *Vidas secas* é necessário para se entender o tipo de mediação empreendido por Graciliano Ramos nesse romance, a partir de sua opção por um narrador em terceira pessoa.

Quando analisei os processos pelos quais o escritor representa a relação desse narrador, enquanto detentor do poder da linguagem, com a cultura oral (Capítulo II, item 1, "Ficcionalização da oralidade"), defendi que, em *Vidas secas*, o narrador se recusa a estetizar a fala da personagem iletrada, Fabiano. Assinalei, com Candido (1992, p. 107), que essa recusa diferencia Graciliano de outros escritores do romance de 30, cuja opção pela estetização da oralidade da personagem popular corre o risco de resvalar para o *kitsch*. Lembro ainda que esses processos podem resultar tanto na humanização como na reificação da personagem "inculta" pelo narrador "culto", conforme Candido (2002, p. 77-92). Espero agora demonstrar a relação entre essa recusa e as formas de reificação a que, na vida social representada pelo romance, essas personagens são submetidas.

Afirmei, no início deste capítulo, que a reificação internalizada pela narrativa literária manifesta-se tanto no enredo quanto nos procedimentos narrativos, nas relações que se estabelecem entre o narrador e as personagens. Demonstrei que os narradores-personagens dos romances anteriores a *Vidas secas*, vítimas de suas consciências reificadas, tornam-se, também eles, agentes da reificação. É minha intenção agora demonstrar que *Vidas secas* evidencia também a reificação – tanto em termos de sua presença na história quanto nas relações que se estabelecem entre as instâncias ficcionais –, ao mobilizar personagens subjugados pela estrutura fundiária arcaica que persiste na vida social brasileira, cujas relações de classe reduzem-nos a coisas – tornadas invisíveis na errância da época da seca e visíveis nos períodos de bonança, como força de trabalho rural. Feito isso, será possível identificar a função que adquire, na obra, a representação dessas formas.

De antemão coloco que essa função está estreitamente relacionada com o *modo* como se instaura a relação entre o narrador e as personagens, especialmente Fabiano. Ambos percorrem, juntos, a trajetória que reiteradamente, ao longo do caminho, introjeta-lhes a sensação de inadequação ao mundo, de que compatilham. Essa sensação gera em Fabiano o sentimento de revolta contra a exploração a que é submetido, mas no narrador gera o incômodo, pela constatação de que, na qualidade de detentor do poder da linguagem, sua relação com Fabiano é também uma relação de classe. O que os faz compartilharem essa sensação de inadequação é o fato de se estabelecer entre eles a "procuração": o narrador fala junto com a personagem, que lhe permite falar *como se* fosse Fabiano. Por seu turno, a personagem mantém esse discurso narrativo sob relativo controle, contaminando-o pela rudeza de sua linguagem e, no extremo, tornando-o lacônico pela imposição de seu silêncio. É *como se* Fabiano não permitisse ao narrador falar tudo por ele, apenas o que deveras importa para a narrativa. Essa técnica de *compartilhamento* do discurso é fundamental para que se entenda a relação entre ambos, na medida em que é determinante para a apreensão das formas da reificação em *Vidas secas*.

O capítulo "Contas" é significativo para a apreensão da reificação no conjunto das relações estabelecidas pela narrativa, que contam com um aparato repressor eficaz para intimidar qualquer lampejo de consciência. Inicia-se com a reação de Fabiano contra o pagamento que lhe faz o patrão, cujo total difere substancialmente daquele calculado por sinha Vitória:

> Não se conformou: devia haver engano. Ele era bruto, sim senhor, via-se perfeitamente que era bruto, mas a mulher tinha miolo. Com certeza havia um erro no papel do branco. Não se descobriu o erro, e Fabiano perdeu os estribos. Passar a vida inteira assim no toco, entregando o que era dele de mão beijada! Estava direito aquilo? Trabalhar como negro e nunca arranjar carta de alforria!
>
> O patrão zangou-se, repeliu a insolência, achou bom que o vaqueiro fosse procurar serviço noutra fazenda.
>
> Aí Fabiano baixou a pancada e amunhecou. Bem, bem. Não era preciso barulho não. Se havia dito palavra à-toa, pedia desculpa. Era bruto, não fora ensinado. Atrevimento não tinha, conhecia o seu lugar. Um cabra. Ia lá puxar questão com gente rica? Bruto, sim senhor, mas sabia respeitar os homens. Devia ser ignorância da mulher, provavelmente devia ser ignorância da mulher. Até estranhara as contas dela. Enfim, como não sabia ler (um bruto, sim senhor), acreditara na sua velha. Mas pedia desculpa e jurava não cair noutra. (*VS*, 93)

A submissão, acompanhada pela justificativa de que é "um bruto" e por isso faz e fala o que não deve, opera também a desqualificação da mulher: sinha Vitória, no início, "tinha miolo", mas, ao término do embate com o patrão, era uma ignorante. Fabiano, ao culpar a mulher, está mesmo é se defendendo, preservando-se na relação de autoridade com o patrão. A opressão que este último exerce, entretanto, não extingue o inconformismo: "Não podia dizer em voz alta que aquilo era um furto, mas era. Tomavam-lhe o gado quase de graça e ainda inventavam juro. Que juro! O que havia era safadeza. – Ladroeira".

Esse episódio traz à lembrança de Fabiano outro momento de opressão, dessa vez protagonizado pelo fiscal de impostos da prefeitura, que lhe exigira pagamento de tributos sobre as partes de um porco magro que tentava vender na cidade:

Fabiano fingira-se desentendido: não compreendia nada, era bruto. Como o outro lhe explicasse que, para vender o porco, devia pagar imposto, tentara convencê-lo de que ali não havia porco, havia quartos de porco, pedaços de carne. O agente se aborrecera, insultara-o, e Fabiano se encolhera. Bem, bem. Deus o livrasse de história com o governo. Julgava que podia dispor dos seus troços. Não entendia de imposto.

– Um bruto, está percebendo?

Supunha que o cevado era dele. Agora se a prefeitura tinha uma parte, estava acabado. Pois ia voltar para casa e comer a carne. Podia comer a carne? Podia ou não podia? O funcionário batera o pé agastado e Fabiano se desculpara, o chapéu de couro na mão, o espinhaço curvo:

– Quem foi que disse que eu queria brigar? O melhor é a gente acabar com isso.

Despedira-se, metera a carne no saco e fora vendê-la noutra rua, escondido. Mas, atracado pelo cobrador, gemera no imposto e na multa. Daquele dia em diante não criara mais porcos. Era perigoso criá-los. (*VS*, 94-95)

Fingir-se de desentendido, atribuir as transgressões ao fato de ser "um bruto" é a primeira estratégia de sobrevivência do vaqueiro, não sem uma ponta de atrevimento, expresso em um enunciado que tanto pode ser seu quanto do narrador ("Podia comer a carne? Podia ou não podia?"). No entanto, quando insultado ou confrontado, essa estratégia força sua mudança de atitude, "o espinhaço curvo", num primeiro momento, para dissimular a intenção de continuar com a transgressão. Até que não mais consegue vender os pedaços do porco sem pagar a multa, o que lhe serve de lição para não mais criar porcos, porque "era perigoso criá-los."

Esse "bruto", autodenominado pelo enunciado em discurso direto de Fabiano, é capaz de transformar o porco, gradativamente, em "quartos de porco" e "pedaços de carne". Quero dizer que Fabiano contrapõe o objeto (porco) ao objeto manipulado, ou seja, transformado pelo trabalho humano (quartos de porco, pedaços de carne). No processo de comercialização dos pedaços de carne, estes se descolam do objeto original e adquirem um valor que agrega o trabalho dispendido pelo vaqueiro na transformação. Esse descolamento produz a passagem do valor de uso para o valor de troca que uma mercadoria (pedaços de carne) adquire em sua relação com outra (porco). Então o bruto Fabiano, de dentro de seu analfabetismo e de sua rudeza, consegue fazer essa transformação, porque entende "a linguagem das mercadorias" (MARX, 1983, p. 57). O percurso inverso é empreendido para fugir à ação coercitiva do fiscal da prefeitura. Ao dizer que "ia voltar para casa e comer a carne", Fabiano devolve à mercadoria seu valor de uso original.

Creio que essa passagem revela um Graciliano Ramos leitor de Marx – e não um leitor superficial, que "tinha do marxismo apenas algumas noções sumárias", como afirmou Ledo Ivo, no ensaio "O mundo concentracionário de Graciliano Ramos" (*apud* GARBUGLIO *et al.*, 1987, p. 65). E é surpreendente que o escritor utilize uma personagem com as características sociais de Fabiano para empreender o raciocínio sobre a transformação do valor de uso da mercadoria em valor de troca. Isso desautomatiza a visão corrente da sociedade capitalista e desfaz a naturalidade atribuída às relações sociais desiguais no mundo das mercadorias. O inconformismo de Fabiano com a ação do fiscal deve-se, também, à constatação de que o valor do trabalho agregado à mercadoria é solapado pelos impostos, reforçando sua percepção do Estado como estrutura a serviço dos interesses daqueles mesmos que exploram sua força de trabalho.

Esses momentos evidenciam que a opressão vivenciada pela personagem é apreendida por ele como originária de uma mesma fonte, não importando se existem diferenças entre o patrão e o fiscal. O vaqueiro manifesta o inconformismo, mas pode suportar o embate somente até o ponto em que vê risco para sua sobrevivência e a da família.

Ao longo de toda a narrativa, Fabiano será forçado a se lembrar desses momentos em que foi derrotado no embate com personagens que são figurações do poder constituído – de classe ou do Estado. Não é gratuitamente que, no episódio em que vive intensamente a humilhação pela violência do soldado amarelo, Fabiano vislumbra, do chão, o movimento de personagens que representam esse poder, acrescidas do juiz de direito e do vigário, também eles figurações de aparelhos ideológicos do Estado.

Até agora, pelos exemplos aqui transcritos, a reificação em *Vidas secas* é visível exteriormente à personagem, no modo como é sujeitado na vida social, pelo patrão, pelo soldado amarelo, pelo fiscal da prefeitura. Nessas passagens do romance a reificação é narrada, é componente da intriga. Patrão, soldado, fiscal, padre, juiz encontram-se a serviço da ordem necessária ao bom funcionamento das relações de produção no âmbito do projeto burguês de desenvolvimento, comprometidos com o sucesso desse projeto pela adesão espontânea ou pela manipulação. Produzem e reproduzem as relações sociais pelas quais as pessoas são vistas também como mercadorias – sua força de trabalho.

Contra a opressão desses agentes da reificação, Fabiano preserva seu inconformismo, pois geralmente, após expressar exteriormente sua sujeição às normas que regulam as relações sociais, empreende um monólogo mental pelo qual manifesta sua discordância com a situação que o submeteu. Isso aponta para uma capacidade de resistência, ainda que tênue – porque isolada –, centrada na consciência de apenas um indivíduo:

> [...] Não podia dizer em voz alta que aquilo era um furto, mas era. Tomavam-lhe o gado quase de graça e ainda inventavam juro. Que juro! O que havia era safadeza.
>
> – Ladroeira.
>
> Nem lhe permitiam queixas. Porque reclamara, achara a coisa uma exorbitância, o branco se levantara furioso, com quatro pedras na mão. Para que tanto espalhafato?
>
> – Hum! hum! (*VS*, 94)

O incômodo de estar no mundo acompanha Fabiano e se estende ao leitor ao longo de toda a narrativa. A princípio, parece surgir do sentimento de inadequação, que é recíproco: a inadequação da personagem pobre em uma sociedade que lhe retira a possibilidade de realização de sua humanidade; como também a inadequação do leitor a uma narrativa que não se peja de lhe desnudar uma sociedade em que as relações são reificadas, por meio de uma arte que se assume como produto da reificação. Esta se encontra também subjacente às relações que instituem o narrador e as personagens:

> Nascera com esse destino, ninguém tinha culpa de ele haver nascido com um destino ruim. *Que fazer? Podia mudar a sorte?* Se lhe dissessem que era possível melhorar de situação, espantar-se-ia. Tinha vindo ao mundo para amansar brabo, curar feridas com rezas, consertar cercas de inverno a verão. *Era sina.* O pai vivera assim, o avô também. E para trás não existia família. Cortar mandacarus, ensebar látegos – aquilo

> estava no sangue. Conformava-se, não pretendia mais nada. Se lhe dessem o que era dele, estava certo. Não davam. Era um desgraçado, era como um cachorro, só recebia ossos. Por que seria que os homens ricos ainda lhe tomavam uma parte dos ossos? *Fazia até nojo pessoas importantes se ocuparem com semelhantes porcarias.* (VS, 96. Grifos meus)

O enunciado "ninguém tinha culpa de ele haver nascido com um destino ruim" é recurso comum quando um sujeito de classe precisa justificar a sua permanência em degraus superiores da vida social, precisa se convencer de que é natural que haja desigualdade entre os indivíduos. É também comum que seja formulado por indivíduos pertencentes à classe baixa, que não possuem a percepção de que sua pobreza resulta da concentração da riqueza, em uma sociedade desigual. De tão repetidas, assim como outros enunciados justificadores do *status quo*, expressões como essa são transmitidas e introjetadas nas relações de classe, contribuindo para formar uma visão de mundo que é de uma classe, mas é difundida como visão geral de toda a sociedade. Em suma, ninguém tem culpa por ser pobre ou rico, é natural que as pessoas não sejam iguais nem tenham as mesmas oportunidades na vida.

Mas quem é o emissor desse enunciado, Fabiano ou o narrador? Nessa questão, trabalho com a idéia desenvolvida por Candido (1992), como indiquei no capítulo anterior. Se o narrador é "uma espécie de *procurador do personagem*", então o enunciado pertence aos dois, porque o primeiro fala o que o segundo induz. Entendo que esse narrador é a instância ficcional que representa no texto o detentor do poder da linguagem. Nessa perspectiva, seu papel é marcado pela contradição, porquanto, na condição de representação do escritor – instituído por este para se relacionar com as personagens –, lida com a palavra, que, como criação social, é também ideológica:

> O ser, refletido no signo, não apenas nele se reflete, mas também *se refrata*. O que é que determina esta refração do ser no signo ideológico? O confronto de interesses sociais nos limites de uma só e mesma comunidade semiótica, ou seja, *a luta de classes.*
>
> Classe social e comunidade semiótica não se confundem. Pelo segundo termo entendemos a comunidade que utiliza um único e mesmo código ideológico de comunicação. Assim, classes sociais diferentes servem-se

de uma só e mesma língua. Conseqüentemente, *em todo signo ideológico confrontam-se índices de valor contraditórios*. O signo se torna a arena onde se desenvolve a luta de classes. (BAKHTIN, 1986, p. 46)

O posicionamento de classe desse narrador na "arena" da língua, no entanto, mostra-o como um *sujeito cognoscente*, aberto à possibilidade de se relacionar com outros e consciente de que sua narração encerra essa "divergência de vozes individuais":

> O romance é uma diversidade social de linguagens organizadas artisticamente, às vezes de línguas e de vozes individuais. [...] toda estratificação interna de cada língua em cada momento dado de sua existência histórica constitui premissa indispensável do gênero romanesco. E é graças a este plurilingüismo social e ao crescimento em seu solo de vozes diferentes que o romance orquestra todos os seus temas, todo seu mundo objetal, semântico, figurativo e expressivo. [...] Estas ligações e correlações especiais entre as enunciações e as línguas (*paroles – langues*), este movimento do tema que passa através de línguas e discursos, a sua segmentação em filetes e gotas de plurilingüismo social, sua dialogização, enfim, eis a singularidade fundamental da estilística romanesca. (BAKHTIN, 1988, p. 74-75)

Não se trata, portanto, de um sujeito cognoscente que imprime sua visão de mundo à consciência das personagens; pelo contrário, o narrador de *Vidas secas* não os analisa como "meros objetos do seu conhecimento", mas reconhece que "seus mundos não são fechados nem surdos uns aos outros" (BAKHTIN, 1981, p. 61) e que, à sua moda, pelo domínio de parcos recursos de linguagem, dialogam entre si a partir do silêncio mesmo que preside suas relações, conforme demonstro no Capítulo II.

Evidencia-se nesse narrador *o modo* como lida com a representação da "idéia do outro, conservando-lhe toda a plenivalência enquanto idéia, mas mantendo simultaneamente a distância, sem afirmá-la nem fundi-la com sua própria ideologia representada" (p. 71). Se procedesse de modo contrário, Fabiano atingiria a consciência de sua posição de classe na vida social, o que teria sido mais conveniente para o narrador como solução imaginária, no romance, para um problema insolúvel na vida social. Trata-se mesmo de um modo específico de lidar com a expressão do outro, resultando em uma narrativa plurilíngüe, graças à convicção com que esse narrador desloca seu ponto de vista para a perspectiva do dominado.

Na obra de Graciliano Ramos, essa relação plurivocal – mesmo marcada pelo silêncio como ato discursivo em polêmica com o discurso dominante – dá a ver a reificação da consciência dos indivíduos e adquire dimensão irônica, porque evidencia o cinismo de classe, o despudor com que se impõem e se naturalizam as afirmações dogmáticas justificadoras da exploração. Portanto, desenterrar essa expressão da consciência de Fabiano – e/ou do narrador e expô-la ao leitor é expor também o cinismo da classe dominante. Eis porque afirmei que a literatura, apesar de ser na origem um produto da reificação, é também um instrumento que evidencia a reificação e, portanto, coloca no horizonte a possibilidade de combatê-la. Essa operação contra-hegemônica[16] da literatura é defendida por Graciliano Ramos, como vimos no capítulo anterior, quando mencionei sua convicção do poder corrosivo da obra literária.

A análise dos procedimentos de Graciliano evidencia, como observa Candido, que a relação peculiar entre narrador e personagem, em *Vidas secas*, instaura uma "perspectiva recíproca", decorrente de que o primeiro se coloca na pele do segundo, de onde vê a si e ao mundo:

> O matutar de Fabiano ou sinha Vitória não corrói o *eu* nem representa atividade excepcional. Por isso é equiparado ao cismar dos dois meninos e da cachorrinha, pois no primitivo, na criança e no animal a vida interior obedece outras leis, que o autor procura desvendar: não se opõe ao ato, mas nele se entrosa, imediatamente. Daí a pureza do livro, o impacto direto e comovente, não dispersado por qualquer artificioso refinamento. (CANDIDO, 1992, p. 47)

Esse procedimento resulta em que o acontecimento ilumina a personagem e a personagem ilumina o acontecimento, porque ambos "têm um denominador comum que os funde e nivela – o meio físico". Por isso se

---

[16] Os conceitos de hegemonia e contra-hegemonia são utilizados neste capítulo conforme desenvolvidos por Gramsci (2002 [1, 4, 5 e 6]), segundo o qual o poder coercitivo de uma formação social, que impõe seus padrões de produção, de cultura e de direção moral à totalidade, possui uma flexibilidade estrutural intrínseca que possibilita, em seu interior, a manifestação de práticas sociais questionadoras e corrosivas de sua hegemonia.

trata de "um romance telúrico, uma decorrência da paisagem, entroncando-se na geografia humana" (p. 47). É nesse ambiente que as relações entre as classes adquirem a visibilidade que lhes imprime Graciliano Ramos, o que também evidencia a reificação e coloca a possibilidade de combatê-la.

Penso que essa "perspectiva recíproca", identificada por Candido no movimento discursivo constituinte da tríplice relação narrador/personagens/meio físico, é na verdade resultado do refinamento técnico daquilo que esse crítico denominou, na análise de *Caetés*, "perspectiva dupla" (p. 19) – pela qual se relacionam apenas dois elementos – e que constitui um dos procedimentos técnicos que se apresentavam de forma embrionária naquele romance. Em *Vidas secas* se trata, a meu ver, da radicalização de uma técnica de espelhamento: a partir de um núcleo irradiador, os capítulos que o compõem se relacionam de forma bastante complexa.

Vejamos pois esse procedimento em "Festa", que é, em termos de intensidade do conflito narrativo, o capítulo central do romance, em torno do qual os outros se espraiam em todas as direções, como círculos concêntricos que se sucedem.

Antes dele, as personagens passaram por processos narrativos identificados com o início da história (capítulo "Mudança") – apresentação da situação, das personagens e do ambiente –; a preparação da intriga (capítulo "Fabiano"); a complicação (capítulo "Cadeia"); e o refreamento do ritmo narrativo (capítulos "Sinha Vitória", "O menino mais novo", "O menino mais velho" e "Inverno"). Depois dele, que nos apresenta o clímax do relato, o ritmo narrativo se torna decrescente (capítulos "Baleia", "Contas", "O soldado amarelo" e "O mundo coberto de penas"), para, finalmente, concluir-se no capítulo "Fuga". Conclusão que não significa, entretanto, o desfecho da história, posto que indica uma volta ao começo, um retorno ao ponto de partida da narrativa, que é a situação inicial.[17] Essa estrutura circular forma-se pela irradiação, a partir desse capítulo central, dos outros que o precedem e o sucedem, revelando perfeita simetria entre eles.

---

[17] Essa demarcação dos momentos de composição do enredo de *Vidas secas* assemelha-se à de Lucas (1999, p. 110), que tomei como ponto de partida para estabelecer a simetria entre os capítulos e o processo de espelhamento que se estabelece entre eles, a partir do centro localizado no capítulo "Festa".

"Festa" é, então, o centro espelhador de todos os outros capítulos, como se pode verificar pela figura a seguir, na qual eles foram agrupados (quando necessário) de acordo com a função que exercem na narrativa; foram ainda situados como elementos na linha de um mesmo círculo, de acordo com a relação que se estabelece entre os elementos do romance. Assim, "Baleia" relaciona-se com quatro capítulos – "Inverno", "O menino mais velho", "O menino mais novo" e "Sinha Vitória" –, por desempenharem funções semelhantes de afrouxamento do ritmo narrativo e remeterem à intimidade familiar, ao âmbito da convivência das personagens. "Contas" e "Cadeia" estão no mesmo círculo porque ambos representam situações de opressão vividas por Fabiano; "O soldado amarelo" e "O mundo coberto de penas" relacionam-se com "Fabiano" por serem, tanto o policial quanto as aves de arribação, figurações de sujeito e de estrutura de classes com os quais Fabiano se confronta; e, finalmente, "Mudança" e "Fuga" relacionam-se porque constituem o elo de fechamento do círculo que aprisiona as personagens, no romance como na vida social.

Mudança
Fabiano
Cadeia
Sinha Vitória
O menino mais novo
O menino mais velho
Inverno
Festa
Baleia
Contas
O soldado amarelo
O mundo coberto de penas
Fuga

Nessa relação, cada capítulo de *Vidas secas*, ao espelhar outro(s), evidencia a impossibilidade de o olhar das personagens vislumbrar outro mundo que não seja aquele – espelhamento implica devolução de uma imagem ao olhar de quem a produz.

Assim também, na arte literária, cada segmento narrativo espelha e devolve ao leitor outro segmento narrativo – a frustração da expectativa de apreensão do momento único ou da "aparição única de uma coisa distante" (BENJAMIN, 1985, p. 170 e ss). Como forma de arte que se sabe esvaziada de sua função ritual – destituída da aura, mas ainda portadora de sua originalidade artística – e reconhece seu caráter de mercadoria, presa ao mundo da reificação abrangente, a narrativa de Graciliano assume suas determinações objetivas. Ao fazê-lo, dá-se a ver como forma reificada, expõe a reificação.

A exceção é justamente o capítulo "Festa", que, no centro desse jogo, amplia o horizonte que pode capturar o olhar das personagens, para além das barraquinhas da quermesse, onde, em seu devaneio, sinha Vitória vislumbra a cama de couro de seu Tomás da bolandeira.

"Festa", como o nome sugere, é, em um de seus sentidos antropológicos, o intervalo de suspensão da ordem social, durante o qual as pessoas podem agir de modo a parecer que superam as interdições impostas pela vida em sociedade, desfrutando da ilusão de felicidade (cf. BAKHTIN, 1987, p. 171-243 *passim*). Festa e literatura, então, se aproximam: a primeira é ilusão, e a segunda é promessa de felicidade[18].

A transgressão permitida na festa proporciona ao indivíduo o autoreconhecimento como ser desejante: os meninos têm liberdade para o pensamento mágico, Fabiano pode desafiar os que o intimidam e a sinha Vitória é permitido ver-se na cama de couro de Seu Tomás da bolandeira. A

---

[18] Temos aqui a literatura, na concepção de ADORNO (1985, 157-194), como "o lugar culpado e frágil de uma promessa de felicidade social e pessoal persistindo dentro de uma ordem social deformada pelas classes" (JAMESON, 1997, p. 202). Por isso a arte não ganha a confiança do mundo burguês: ela é uma promessa de felicidade que se oferece e se nega, porque estabelece um domínio próprio, regido por leis próprias, que possibilita a manifestação do todo no particular; "a arte entra em ação quando o saber desampara os homens", constituindo um círculo fechado que se "destaca do real" e coloca "a imagem pura em oposição à realidade mesma, cujos elementos ela supera retendo-os dentro de si" (ADORNO, 1985, p. 32).

transgressão da literatura está em se reconhecer como forma de arte em uma sociedade de classes, como luxo e privilégio de uma minoria e, como tal, culpada.

A perversidade da festa consiste em que, após o intervalo, a vida social recupera a mesma velha ordem, contando com a permanência da ilusão para manter no devido lugar aqueles a quem foi permitido transgredi-la. O lado perverso da literatura reside em que, ao se reconhecer como produção social, representa a insolubilidade das contradições da sociedade, o que frustra a promessa de felicidade. Disso resulta que o incômodo do narrador de *Vidas secas* é também o incômodo pela culpa da literatura.[19]

Esse jogo especular da narrativa provoca a reconsideração da característica fragmentária atribuída a *Vidas secas*. Na verdade, trata-se de descontinuidade, não de fragmentação:

> *Vidas secas* é composto por segmentos relativamente extensos, autônomos mas completos, de narrativa cheia e contínua, baseada num discurso que nada tem de fragmentário. É a justaposição dos segmentos (não fragmentos) que estabelece a descontinuidade, porque não há entre eles os famosos elementos de ligação, cavalos de batalha da composição tradicional. (CANDIDO, 1992, p. 107)

Essa justaposição já sugeriu a Antonio Candido as imagens da roscácea (em que as partes se tocam mas mantêm sua separação) e do políptico (sucessão de quadros medievais que narram a vida de um bem-aventurado ou de um herói), como "pequenas telas encaixilhadas [...] em que nos é dado, ora este, ora aquele passo do calvário dos personagens. Não falta a festa votiva nem o lampejo das armas; não falta, sobretudo, a paisagem de fundo, áspera e contundente" (p. 46).

Não é de se estranhar que as impressões suscitadas pela composição em quadros de *Vidas secas* relacionem-se com produções culturais medievais.

---

[19] JAMESON (1997, p. 169-182) sistematiza o conceito de Adorno sobre a culpa da arte numa sociedade de classes, "a arte como luxo e privilégio de classe" (p. 173), como uma das mediações pelas quais a obra de arte se relaciona profunda e internamente com a ordem social, sabendo-se, ela também, submetida a suas determinações históricas, que a obrigam a lidar com as contradições do processo social.

Afinal, a região Nordeste do Brasil guarda como uma das características de sua cultura – tanto a letrada como a oral – a preservação de elementos dessas formas, visíveis em festas populares profanas e religiosas, nos autos e farsas do teatro religioso e do teatro de rua, nas cantigas de feira, nos repentes, na literatura de cordel e na obra de escritores como Ariano Suassuna e Patativa do Assaré. É compreensível, portanto, que a obra literária de Graciliano captasse essa permanência, assim como captou a resiliência de práticas pré-capitalistas na vida social.

O levantamento dessas técnicas e desses procedimentos (a simetria dos capítulos, a composição em políptico, o ritmo ritualístico) evidencia que sua utilização por Graciliano Ramos foi consciente, como conhecedor da cultura e da gente nordestinas; evidencia também seu diálogo com a tradição cultural do passado, verdadeiro armazém de formas artísticas cristalizadas, também elas reificadas no processo de transição do antigo para o moderno modo de produção.

Note-se que o modo como Graciliano elabora a justaposição acima aludida, pela ausência de nexo causal entre os segmentos narrativos, não se confunde com a intenção fragmentária do Cubismo nem com a relação dessa corrente de vanguarda com o modernismo brasileiro da primeira fase. Para Jameson (1985, p. 45) "o problema formal fundamental do escritor dialético é precisamente o da continuidade". Dialética é também a relação entre continuidade e descontinuidade da história e da arte. Nesse sentido, a exigência de nexo causal para a configuração da obra de arte – inclusive a literatura – como sistema total é inócua, porquanto

> a obra de arte individual é [...] compreendida como um equilíbrio entre órgãos internos, como uma intersecção do que chamaremos [...] de categorias determinadas cuja natureza é estilística, separadas mas profundamente interdependentes, de tal modo que a modificação de uma [...] imediatamente envolve uma mudança nas proporções das outras. (p. 46)

No caso de *Vidas secas*, mantida a correlação com produções culturais medievais, evidencia-se a apreensão, pelo romance, daquele "conteúdo sedimentado" de que fala Jameson: são "sobreviventes materializados de modos de produção cultural mais antigos [...] projetando uma conjuntura formal pela qual a 'conjuntura' de modos de produção coexistentes em um dado momento histórico pode ser detectada e alegoricamente articulada" (1992, p. 90). A persistência desses "modos de produção cultural mais antigos" não é inocente, porquanto se relaciona com a persistência de práticas sociais arcaicas, que o escritor soube captar.

A estrutura circular do romance constitui outra das homologias da narrativa com a estrutura social. "Como os animais atrelados ao moinho, Fabiano voltará sempre sobre os passos, sufocado pelo meio. Daí sua psicologia rudimentar de forçado" (CANDIDO, 1992, p. 48). Para Cândido, é um "anel de ferro, em cujo círculo sem saída se fecha a vida esmagada da pobre família de retirantes-agregados-retirantes" (p. 107). Esse círculo, na verdade, é a rígida estrutura da sociedade dividida em classes, em cujo interior Fabiano se move, mas contraditoriamente não sai do lugar, não adquire outra função diferente daquela que nascera para cumprir. Não consegue superar sua condição de vaqueiro-rês – ou *res*, coisa que pode ser apropriada. O vaqueiro e sua família parecem vítimas de uma danação, uma inclemente condenação a repetir o trabalho, a parca linguagem e a resignação dos antepassados, e a fazer disso seu legado para os descendentes. Eterno retorno? Fabiano se assemelha a Sísifo:

> Indispensável os meninos entrarem no bom caminho, saberem cortar mandacaru para o gado, consertar cercas, amansar brabos. Precisavam ser duros, virar tatus. Se não calejassem, teriam o fim de seu Tomás da bolandeira. Coitado. Para que lhe servira tanto livro, tanto jornal? Morrera por causa do estômago doente e das pernas fracas. (*VS*, 24)

A circularidade da narrativa encerra um *moto perpetuo*, uma "linha de continuidade levantada por Euclides da Cunha, na segunda parte de *Os sertões*, e aponta para uma sociedade impermeável e arcaica, cheia de preconceitos e muito próxima das sociedades primitivas" (GARBUGLIO, 1987, p. 381). Nessa relação, *Vidas secas* ilumina o sentido da obra de Euclides e tem seu sentido também iluminado por ela, na medida em que os dois livros evidenciam os diferentes posicionamentos de classe dos escritores como seres sociais inseridos em diferentes momentos do processo histórico brasileiro.

O círculo inscreve na narrativa um processo que não se conclui. O narrador coloca em evidência esse outro de classe da parcela letrada da sociedade brasileira, capacitando-o a tornar-se visível por meio do silêncio e pela relação de contaminação discursiva que entre ambos se estabelece. Evidenciar esse outro é bater-se contra os limites da reificação, que são os limites da própria sociedade: acirrar a contradição, narrar o projeto da modernização brasileira para expor seus males de origem colonial, mostrando que a almejada modernidade é um projeto conservador, cujo único mérito é substituir a dominação da elite européia pela da elite local.

Nessa perspectiva, o círculo pode ser também, pela recusa do narrador em apontar soluções imaginárias para as contradições reais, o vaticínio de um processo autofágico da sociedade moderna, cuja representação é a serpente que devora a própria cauda.

Entretanto, o processo de reificação do qual *Vidas secas* não escapa, e que se evidencia ao leitor em diferentes momentos da narrativa, contém em si mesmo, dialeticamente, a possibilidade de combatê-lo. É pela poesia que se constitui o contraponto humanizador do discurso narrativo, embora pareça – pela linguagem seca e áspera, pela relação homológica entre forma literária e vida social, pela situação de aporia em que vivem as personagens – não haver lugar para a poesia nesse romance.

O recurso à poesia é um meio de o narrador manifestar sua incursão no universo de um outro de classe que se furta à observação: por viverem no isolamento, Fabiano e sua família são ariscos e sozinhos. "Tão sozinho com sua pequena família que quase não sabe falar. Porque Fabiano não sabe falar. Fabiano também não sabe pensar. É um primitivo" (BRAGA, 2001, p. 127). A linguagem poética é a que mais se aproxima do modo de sentir da criança e do adulto mais primitivo e rústico, "pois no primitivo, na criança e no animal a vida obedece outras leis, que o autor procura desvendar" (CANDIDO, 1992, p. 47), não por serem inferiores, mas por preservarem uma interação com a natureza em que a reificação ainda não se instalou de todo, ou por possibilitarem a rememoração desse tempo em que a dominação da forma-mercadoria ainda não se completara.

Então, sob a grossa casca da reificação deve existir uma matéria humana recôndita, que o narrador atinge também quando recorre à personagem Baleia, *locus* psíquico no qual se aloja a interioridade que mais se assemelha à daqueles seres humanos com quem convive. Para Antonio Candido,

> a presença da cachorra Baleia institui um parâmetro novo e quebra a hierarquia mental (digamos assim), pois permite ao narrador inventar a interioridade do animal, próxima à da criança rústica, próxima por sua vez à do adulto esmagado e sem horizonte. O resultado é uma criação em sentido pleno, como se o narrador fosse, não um intérprete mimético, mas alguém que institui a humanidade de seres que a sociedade põe à margem, empurrando-os para a fronteira da animalidade. (p. 106)

Por isso é que o capítulo "Baleia" é apontado por muitos críticos como o ponto alto de humanidade do romance. É na cachorrinha que se projeta a humanidade de Fabiano e sua família; ela "vale sutilmente como vínculo entre a inconsciência da natureza e a frouxa consciência das pessoas" (p. 87). Ao matar Baleia, sem conseguir ao menos dar-lhe uma morte instantânea, sem sofrimento, Fabiano mata aquilo que, no romance e no mundo reificado, se opõe à reificação. Ou seja, mata a possibilidade de resistência da literatura, em um mundo em que todas as relações são padronizadas. Mata a poesia e ao mesmo tempo a evidencia, como forma de negatividade perante a padronização do mundo.

Nessa perspectiva, a morte de Baleia representa a possibilidade de se resistir à reificação. Seu último sonho – "numerosos preás corriam e saltavam, um formigueiro de preás invadia a cozinha" (*VS*, 91) – mantém no horizonte da narrativa a aspiração de felicidade pessoal e simultaneamente coletiva, projeção utópica de uma existência diferente, a partir da igualdade humana, entretanto indiciada apenas como possibilidade, pelo uso reiterado dos verbos no condicional:

> [...] Acordaria feliz, num mundo cheio de preás. E lamberia as mãos de Fabiano, um Fabiano enorme. As crianças se espojariam com ela, rolariam com ela num pátio enorme, num chiqueiro enorme. O mundo ficaria todo cheio de preás, gordos, enormes. (*VS*, 91)

A fartura do sonho se contrapõe à escassez do mundo e a presença da poesia persiste, da mesma forma que persistirá a lembrança de Baleia nos monólogos interiores de Fabiano e sinha Vitória. A poesia de Baleia, que a torna inesquecível, é possível porque a arte poética "é uma forma de reação à coisificação do mundo, à dominação das mercadorias sobre os homens [...]" (ADORNO, 2003, p. 69).

Ao deslocar a perspectiva da narração para o animal, o narrador promove a mesma identificação que antes o aproximara das personagens humanas, imprimindo-lhe um pouco da humanidade que conseguira recuperar em Fabiano e família. Com isso, coloca todas elas num plano de igualdade, disso resultando mais genuíno e comovente o afeto do bicho pelo dono:

> [...] Cerrou as pálpebras pesadas e julgou que o rabo estava encolhido. Não poderia morder Fabiano: tinha nascido perto dele, numa camarinha, sob a cama de varas, e consumira a existência em submissão, ladrando para juntar o gado quando o vaqueiro batia palmas. (*VS*, 89)

Essa identificação entre narrador e personagem, também no caso de Baleia, confere ao texto outro ritmo, mais ágil e ao mesmo tempo mais condensado; há pressa em se narrar a morte da cachorrinha, mas isso não impede o acúmulo de lembranças em sua memória de bicho, que, enquanto passa pela agonia, recorda-se de todos da família e das obrigações que supunha ter – o trabalho, marca estruturadora do mundo em que se movem Fabiano e sua família.

Fazer de Baleia o objeto do enunciado significa direcionar a consciência ao mundo primitivo da natureza e tentar recuperar, pela poesia como resistência à reificação, a identidade entre sujeito e objeto, espírito e natureza ou, em última instância, homem e natureza: "Somente através da humanização há de ser devolvido à natureza o direito que lhe foi tirado pela dominação humana da natureza" (ADORNO, 2003, p. 70). Nessa perspectiva, o sonho de Baleia, ao configurar a possibilidade de uma vida autenticamente humana, expõe o que a ideologia, enquanto falsa consciência, esconde e dissimula: o mundo da escassez, no qual apenas a vida reificada tem lugar.

O ritmo ágil, a condensação dos objetos e pessoas transformados em memória – efeitos de uma seleção vocabular rigorosa e precisa – contribuem para imprimir poesia à narrativa. E não apenas esses procedimentos, mas uma variedade de outros, ao longo do romance.

O estilo econômico, lacônico e rude de Graciliano em *Vidas secas* resulta de uma "escolha entre o que deve perecer e o que deve sobreviver" (CARPEAUX, 1977, p. 25). Trata-se de um procedimento de supressão de tudo aquilo que o autor considera supérfluo, reduzindo a linguagem ao essencial. Elimina, assim, "as descrições pitorescas, o lugar-comum das frases-feitas, a eloqüência tendenciosa" (p. 25). Daí vem seu lirismo, embora seja de um tipo "estranho. Não tem nada de musical, nada do desejo de dissolver em canto o mundo das coisas [...]" (p. 25). Esse procedimento da escolha é, por si só, também ele reificador, mas é graças a ele que a poesia se reconhece como produto da reificação, dispondo-se a evidenciar esse processo pela representação do "ser-em-si da linguagem contra sua servidão no reino dos fins" (ADORNO, 2003, p. 89) e pelo reconhecimento de que "a linguagem fala por si mesma apenas quando deixa de falar como algo alheio e se torna a própria voz do sujeito" (p. 75).

Não se trata aqui de apresentar Graciliano Ramos como um escritor que promove a diluição dos gêneros literários nem de enquadrar a narrativa de *Vidas secas* na categoria de "prosa poética", mas de verificar a correlação possível entre a forma romance e formas de linguagem que, embora consideradas próprias do fazer poético em sentido estrito, estejam presentes nessa narrativa e auxiliem a apreensão do modo como o escritor trabalha para desvendar aquela humanidade soterrada sob a camada da reificação.

Estabelecer o silêncio como categoria analítica da poesia é o primeiro passo para a investigação da poeticidade do romance. Se a poesia é a busca do absoluto, é a redução da linguagem ao essencial, então a contradição básica que devemos procurar no texto se dá entre o menos e o mais: quanto menos se escreve, mais se diz. Essa busca do absoluto, na verdade, relaciona-se com a busca de valores absolutos num mundo em que tudo é relativizado; o absoluto nesse mundo seria então o *locus* em que a vida humana não se submete à reificação e, como tal, pode ser apenas intuído, nunca precisamente localizado. A supressão do supérfluo, o despir-se da matéria reificada em busca da essência perdida resulta no silêncio. A recusa da linguagem como produção social – e como tal, reificada e reificadora – almeja o silêncio como absoluto, porque a palavra é corrompida.

Nessa perspectiva, a poesia é dissonância:

> A idiossincrasia do espírito lírico contra a prepotência das coisas é uma forma de reação à coisificação do mundo, à dominação das mercadorias sobre os homens, que se propagou desde o início da Era Moderna e que, desde a Revolução Industrial, desdobrou-se em força dominante da vida." (ADORNO, 2003, p. 69)

Assim, a dissonância resulta em uma linguagem que, para dizer o mundo, precisa negar a linguagem do mundo e, por isso mesmo, não consegue se desvencilhar dela.

Em *Vidas secas*, a consciência do narrador acerca da abrangência do processo de reificação é fundamental para levar esse sujeito da enunciação, não a preservar o discurso narrativo de seus efeitos, mas a utilizar procedimentos cujos efeitos desautomatizadores da leitura estão muito próximos daqueles presentes nos textos líricos. A começar pela ambigüidade do título, que leva o leitor a ultrapassar o contexto imediato da seca nordestina e do sofrimento do retirante para pensar no significado mais amplo da "secura" como atributo de uma sociedade que separa e segrega as pessoas em classes, concentra os meios de produção – terra – e leva uma parte de seus integrantes a uma diáspora, migração forçada, indiferente – seca – ao destino – vida – dessa massa humana.

O trânsito do sentido, portanto, do título para o texto e do texto para o título, é refeito pelo leitor à medida que avança na leitura de *Vidas secas* e vai apreendendo o processo pelo qual deve retomar e expandir o significado do primeiro. E cada vez que o faz, amplia também as possibilidades de leitura do texto. Assim, texto e título mantêm uma relação de iluminação recíproca, que o leitor vai elaborando ao longo de todos os capítulos do romance.

As vidas são secas, portanto, não apenas no campo, não apenas na região assolada pelo fenômeno climático da escassez de chuvas, mas também no meio urbano, que separa e segrega uma parte de seus integrantes nas favelas e mocambos, ao lado de prédios luxuosos, cujos escritórios movimentam a economia de mercado, ou de condomínios privados e seguros, que se abrem para seus vizinhos apenas quando necessitam de mão-de-obra. Secos podem ser tanto o clima quanto as pessoas quanto o discurso reificado da literatura – que, neste último caso, a auto-referência própria da poesia dá a ver.

É possível identificar no texto procedimentos próprios da poesia:

> As comparações que o narrador faz com Fabiano – ao tratá-lo de "vaqueiro", "bicho" e "cabra" – são recursos característicos da poesia. Da mesma maneira também o são as onomatopéias "chape-chape" (indicando o som das alpercatas de Fabiano na lama seca e rachada),

"Ecô! Ecô!" (o chamado de Fabiano pela cachorra), "o tique-taque das pingueiras" (que remetem à marcação do tempo, tal qual o relógio); e as repetições "Hum! Hum!" e "An! [...] An! [...] An!", que encontramos na fala de sinha Vitória. Além de outras expressões como: "... o trovão roncara perto, na escuridão da meia-noite rolaram nuvens cor de sangue". Fabiano e seus familiares iriam "viver uns dias no morro, como preás". (SANTOS, 2003, p. 7)

Além desses procedimentos típicos do fazer poético, identifica-se também em *Vidas secas* a representação do poeta, no momento de sua percepção do potencial poético das palavras, como ocorre no capítulo "O menino mais velho". O garoto, intrigado com a beleza da palavra "inferno", quer saber da mãe seu significado. Sinha Vitória lhe responde apenas tratar-se de um lugar ruim – descrição insatisfatória a sua curiosidade. O menino tenta saber do pai sobre a tal palavra, mas sequer obtém resposta de um Fabiano concentrado em produzir para ele as alpercatas. De volta à mãe, recebe informações que associam a palavra a "espetos quentes e fogueiras", mas, ao tentar comprová-las ("A senhora viu?), é considerado insolente e castigado com "um cocorote" (*VS*, 54):

– Inferno, inferno.

Não acreditava que um nome tão bonito servisse para designar coisa ruim. E resolvera discutir com sinha Vitória. Se ela houvesse dito que tinha ido ao inferno, bem. Sinha Vitória impunha-se, autoridade visível e poderosa. Se houvesse feito menção de qualquer autoridade invisível e mais poderosa, muito bem. Mas tentara convencê-lo dando-lhe um cocorote, e isto lhe parecia absurdo. Achava as pancadas naturais quando as pessoas grandes se zangavam, pensava até que a zanga delas era a causa única dos cascudos e puxavantes de orelhas. Esta convicção tornava-o desconfiado, fazia-o observar os pais antes de se dirigir a eles. Animara-se a interrogar sinha Vitória porque ela estava bem-disposta. (*VS*, 60)

O menino mais velho age como poeta, ao tomar a palavra como coisa, que o atrai pelas sugestões sinestésicas, e não pelo sentido. Por instantes abre-se-lhe a possibilidade de encantar o mundo pela palavra, por sua materialidade sonora. Repetir a palavra é um modo de reafirmá-la como coisa, esvaziada do conceito que a ela se cola, neutralizando sua referência ao que é universal e social. Desenraizado de qualquer significado, o nome "inferno" se torna único, recupera a pureza original da palavra que acabou de nascer. Para o processo de criação do poeta ser completo, há que acontecer o movimento antagônico ao desenraizamento da palavra, que é a sua devolução à linguagem como processo social, por meio do poema que se oferece a um leitor ou ouvinte. Nesse segundo movimento, a vocação poética do menino mais velho é amputada, não pela punição por sua insolência, mas pela impossibilidade de se apropriar de sua própria língua.

O menino impedido em sua vocação para a poesia sequer percebe a poesia que existe no ato de Fabiano lhe confeccionar alpercatas. A concentração do pai nessa tarefa é sinal de que faz o que lhe cumpre: preparar o futuro do filho, dotando-o dos apetrechos necessários ao que sua geração necessita para dar continuidade ao papel desempenhado pelos ascendentes. A alpercata é a marca do vaqueiro iniciado que, na vida adulta, usará o gibão e as polainas de couro emprestadas pelo patrão. Mais uma vez a poesia do texto dá a ver o trabalho como eixo estruturante não apenas da narrativa, mas também da vida social. Ao fazer isso, expõe fantasmagoricamente a reificação que ronda a vida da criança ainda não contaminada por ela.

Um texto literário marcado por esses procedimentos promove no espírito do leitor "um súbito estranhamento, que permite que os elementos mais familiares da experiência de leitura sejam vistos de novo como se fosse pela primeira vez, tornando visível a inesperada articulação da obra em categorias determinadas ou partes" (JAMESON, 1985, p. 47). Assim, procedimentos como a reiteração sonora e os arranjos gramaticais, próprios da linguagem poética, podem ser identificados em *Vidas secas*, possibilitando apreender essa articulação a partir mesmo do primeiro capítulo:

> Pelo espírito atribulado do sertanejo passou a idéia de abandonar o filho naquele descampado. Pensou nos urubus, nas ossadas, coçou a barba ruiva e suja, irresoluto, examinou os arredores. Sinha Vitória estirou o beiço indicando vagamente uma direção e afirmou com alguns sons guturais que estavam perto. Fabiano meteu a faca na bainha, guardou-a no cinturão, acocorou-se, pegou no pulso do menino, que se encolhia, os joelhos encostados ao estômago, frio como um defunto. Aí a cólera desapareceu e Fabiano teve pena. Impossível abandonar o anjinho aos bichos do mato. Entregou a espingarda a sinha Vitória,

pôs o filho no cangote, levantou-se, agarrou os bracinhos que lhe caíam sobre o peito, moles, finos como cambitos. (*VS*, 10)

Esse trecho possui 24 orações, distribuídas por sete períodos. Nas orações em que o objeto do enunciado é Fabiano, predomina a relação de coordenação. Quando em um período, os objetos do enunciado são Fabiano e o filho, geralmente o primeiro será expresso na oração principal, e o segundo, em uma oração subordinada. Se as orações se referem a sinha Vitória, nota-se também o predomínio da coordenação, o que lhe confere a mesma importância de Fabiano – nesse momento do relato, porque em outros essa posição pode mudar.

Tais arranjos sintáticos abrigam repetições sistemáticas de fechamento e abertura de sons vocálicos (assonâncias) e consonantais (aliterações). São procedimentos de elaboração textual, específicos do fazer poético, cujo efeito de desautomatização da leitura é inegável:

> [...] no universo comercial do capitalismo avançado, o escritor sério é obrigado a despertar o senso do concreto, entorpecido no leitor, através da administração de choques lingüísticos, reestruturando o demasiado familiar ou apelando à camadas mais profundas do fisiológico, as únicas que retêm uma espécie de intensidade disponível *não nomeada*. (JAMESON, 1985, p. 24)

Do mesmo modo, a repetição regular de uma imagem obriga também o leitor a tropeçar nela durante o percurso da leitura – recurso comum no poema. Nos devaneios de sinha Vitória, uma imagem recorrente é a cama de couro, objeto do desejo da personagem, que representa

> o lugar onde se realizam, normalmente e considerando a realidade representada, sempre os possíveis atos de amor, de paixão, que separam o gênero humano dos outros animais, na medida que não basta fazer um ato instintivo. É preciso torná-lo bonito, sentido, tanto física como emocionalmente. [...] Da mesma forma, a arte [...] possibilita ao gênero humano o deslocamento do cotidiano. (MAGALHÃES, 2001, p. 79)

Essa imagem paira sobre a realidade difícil e sofrida da personagem, às vezes como possibilidade de satisfação do desejo, às vezes como completa impossibilidade disso. No capítulo "Sinha Vitória", a cama adquire essa função simbólica identificada pela autora acima – embora embaçada pela lembrança do papagaio transformado em alimento. Mas no capítulo "Festa", ao fim e ao cabo de toda a agitação interior e exterior por que passam as personagens – e também quando já se consolida para o leitor a irreversibilidade histórica das relações de produção que submetem fabianos e sinhas vitórias –, o móvel materializa-se "através das barracas", fantasmagoricamente, como forma mercadoria, em função da qual se perpetua a existência reificada da família de sinha Vitória.

Nesse contexto, a imagem da cama transcende seu valor de uso, para se apresentar como portadora de um conjunto significativo de traços de outras relações sociais que se agregam a ela a partir de seu estatuto de mercadoria: a distinção de seu proprietário como sujeito de classe; o espaço do prazer e do desejo; o lugar do descanso e do conforto; as relações sociais diretas de sua produção; o tempo de trabalho gasto para produzi-la: "Seu Tomás tinha uma cama de verdade, feita pelo carpinteiro, um estrado de sucupira alisado a enxó, com as juntas abertas a formão, tudo embutido direito, e um couro cru pregado em cima, bem esticado e bem pregado." (*VS*, 45). Enfim, traz as marcas de vínculos sociais de produção. O móvel deixa de ser apenas a expressão do conjunto de relações entre as pessoas e passa a ser *portador* dessas relações, que se lhe agregaram ao longo do processo de produção.

A cama é, então, uma forma social, e seu valor de troca, agregado por todas essas relações, passa a representar sua existência social. Se Fabiano e sinha Vitória economizassem no gasto com roupa e querosene, se o vaqueiro não gastasse com jogo e cachaça, se a mulher não tivesse comprado sapatos de verniz "caros e inúteis" (*VS*, 41) e pudesse vender "as galinhas e a marrã" (*VS*, 45), talvez conseguissem ter a posse de uma cama igual. O problema é que a relação de troca entre as coisas de que dispõem e o móvel de couro encobre as verdadeiras relações humanas efetivadas no processo de produção, impedindo sua manifestação e apreensão pela personagem. Em vez disso, produz-se uma ilusão pela qual uma categoria econômica reificada passa a ser vista como "forma objetiva"; é nessas relações de produção entre pessoas, estabelecidas *através* das coisas, que se dá o processo de reificação, em relação direta com o fetichismo da mercadoria.

A impossibilidade de possuir a cama de couro está colocada desde o momento em que sinha Vitória não consegue cuspir com força suficiente para vencer a distância que a separa da janela; além disso, relaciona-se com o desconforto de reconhecer-se ridícula ao usar os "sapatos de verniz, caros e inúteis. [...] Equilibrava-se mal, tropeçava, manquejava, trepada nos saltos de meio palmo. Devia ser ridícula, mas a opinião de Fabiano entristecera-a muito" (*VS*, 41). Mas, ao mesmo tempo, a reiteração da imagem da cama é também resistência à reificação, ao evidenciá-la como coisa e como sonho compartilhado pelo casal, algo fora deles e também internalizado, que anima a convivência e acirra as contradições da vida que levam. Tanto que, em vários momentos do romance, Fabiano associa a imagem da mulher à da cama, até mesmo quando se decide a abandonar a fazenda, no capítulo "O mundo coberto de penas":

> [...] Pobre de sinha Vitória. Não conseguiria nunca estender os ossos numa cama, o único desejo que tinha. Os outros não se deitavam em camas? Receando magoá-la, Fabiano concordava com ela, embora aquilo fosse um sonho. Não poderiam dormir como gente. E agora iam ser comidos pelas arribações. (*VS*, 113)

O desconforto, tanto o físico como o psíquico, traduz, no cotidiano das personagens, a clara inadequação dos pobres ao mundo das mercadorias. E traduz o incômodo do narrador, às voltas com a narração de um desespero que não é seu, individualmente, mas do qual compartilha, como partícipe do projeto de sociedade que produz o mundo narrado. Trata de cumprir, assim, o mandado de procuração, instrumento que o mantém simultaneamente preso aos valores da sociedade institucionalizada e inserido no universo daqueles que sequer apreendem o significado de um documento cartorial.

A inevitável superposição do sonho de sinha Vitória pela recordação do papagaio transformado em alimento durante a privação da seca resulta de um movimento oscilatório, pelo qual o discurso se refere ora à cama ora à morte do papagaio. Os pensamentos da personagem sofrem a interferência da lembrança indesejada do pássaro, o que a incomoda, por forçá-la a se concentrar para usufruir do prazer de sonhar. Mas essa ave, cuja imagem é evocada pelo olhar que dirige aos próprios pés, é, na verdade, a figuração de um incômodo: do desejo jamais realizado, da morte da possibilidade de linguagem, do sentimento do ridículo que emana dos pés. Esse sentimento obscurece os pensamentos de sinha Vitória como as aves de arribação obscurecem o céu claro – prenúncio de seca, que por sua vez é a figuração da desgraça: "Chegou à porta, olhou as folhas amarelas das catingueiras. Suspirou. Deus não havia de permitir outra desgraça. Agitou a cabeça e procurou ocupações para entreter-se" (*VS*, 43).

O incômodo de sinhá Vitória é também o incômodo do narrador que se sabe participante da sociedade produtora de pessoas cujo único bem é o trabalho. E é o incômodo da literatura, que se reconhece reprodutora dessas relações e, por isso mesmo, questiona sua própria permanência enquanto forma reificada de representação dessa sociedade.

Conclusão

O problema do posicionamento de classe do escritor e de seus desdobramentos, sob o enfoque com que são tratados neste trabalho, dá-se a ver também como um problema da literatura enquanto prática social, revelando a homologia entre a forma romance e a estrutura de classes do modo capitalista de produção. Conceber a literatura como forma ideológica é, nesse sentido, fundamental para o desvendamento das relações que, por seu caráter de produção social, essa arte apreende e manifesta.

Essa homologia não é acidental, na medida em que decorre da mediação de uma visão de mundo específica, que, embora se expresse por um discurso individual, é uma produção coletiva:

> o verdadeiro sujeito da criação artística (ou cultural em sentido amplo) é o gênero humano classística e historicamente determinado, isto é, um sujeito-totalidade cujo ponto de vista permite uma visão totalizante das relações humanas globais, garantindo assim a universalidade necessária à criação da grande arte. (COUTINHO, 1967, p. 183)

Nos romances de Graciliano Ramos, como vimos, há diferentes modulações dessa visão de mundo, evidenciando diferentes posicionamentos dos narradores nos romances em primeira pessoa – ao mesmo tempo restritos à perspectiva dos indivíduos de uma classe – e um deslocamento radical de ponto-de-vista em *Vidas secas*, o que nos sugere tratar-se de um escritor que efetivamente consegue produzir uma narrativa a partir da visão *de dentro* do seu outro de classe, com o qual compartilha o discurso.

Para isso, é decisivo o modo como Graciliano lida com os problemas decorrentes desse posicionamento, mostrando-se consciente de que para cada narrativa há um processo diferente de mediação e que esse processo, para ser efetivo, necessita que o escritor utilize criticamente as técnicas literárias. Daí resulta a recusa de Graciliano Ramos em estetizar a voz da personagem popular, constituindo um contra-exemplo em relação a seus contemporâneos. Por isso o autoquestionamento se torna constante em sua literatura, evidenciando o escritor como ser social que incorpora esteticamente suas inquietações acerca do papel da literatura na sociedade de classes. Assim também sua polêmica opção por utilizar nos romances a sintaxe tradicional da língua portuguesa, pelo entendimento da língua – lusitana ou "brasileira" – como imposição nas relações desiguais de dominação que configuram o processo social.

Na obra de Graciliano Ramos, essas relações, nos romances narrados em primeira pessoa – *Caetés, São Bernardo* e *Angústia* –, evidenciam a abrangência das formas de reificação, decorrentes das relações de produção inerentes ao modo de produção capitalista, a partir de um eixo estruturante, que é o ponto de vista específico do narrador-personagem, no interior de sua perspectiva de classe – ou o modo como sobre ele agem e por ele são recebidas as determinações da vida social.

Esses três narradores, por trajetórias diferentes, configuram-se como agentes do processo de produção e de reprodução das relações reificadas na sociedade. Possuem em comum o traço de lidarem com a produção literária e de questionarem essa atividade, o que evidencia a concepção da arte literária como instrumento, simultaneamente, de reprodução e questionamento do papel da literatura em uma sociedade desigual.

Na narração em terceira pessoa de *Vidas secas*, a representação das formas de reificação, analisada em sua lógica interna, a partir da relação que se estabelece entre o narrador e as personagens, evidencia a mesma lógica que, na vida social, produz a alienação e a sujeição das pessoas a partir de sua inserção no conjunto das relações sociais desiguais da vida burguesa. Evidenciar as formas da reificação nesse romance é fazer com que aflore no texto o incômodo compartilhado pelo narrador e as personagens, que nasce do sentimento de inadequação destas ao mundo que lhes nega sua humanidade.

A identificação desse incômodo coloca em evidência a *falsa neutralidade* do narrador em terceira pessoa de *Vidas secas*, cujo discurso é contaminado pelo silêncio da personagem Fabiano, graças ao deslocamento do ponto de vista da narração para a perspectiva da classe e da linguagem do dominado. Apenas por essa estratégia narrativa o narrador consegue desvendar o universo dessas personagens primitivas e ariscas, furando sua couraça de silêncio.

A análise da relação entre esses processos sociais e a forma romance de *Vidas secas* evidencia a riqueza dos procedimentos de fatura da obra, pela utilização de recursos e modos específicos da poesia, que resultam na desautomatização da leitura, intensificam a auto-referência como questionamento da arte literária e evidenciam a dissonância da linguagem literária que, para dizer o mundo, nega e simultaneamente se apropria da linguagem do mundo. Acrescente-se a isso a gradativa concentração de significados na narrativa, que culmina na correlação entre a literatura e o contraditório projeto nacional de modernização imposto pela classe dominante ao País.

A complexidade do *modo* como Graciliano Ramos empreende a narrativa nesse romance, constatada nas análises desenvolvidas neste trabalho, corrobora assim meu entendimento inicial de que as formas de reificação são evidenciadas em *Vidas secas* graças ao posicionamento de classe do escritor – que assume a perspectiva dos vencidos e aniquilados no curso do processo civilizatório brasileiro –, em consonância com sua proposta de conferir à literatura um potencial corrosivo desse projeto de modernização capitalista.

O significado da obra de Graciliano Ramos no sistema literário nacional, tendo em vista o conjunto dos procedimentos autorais analisados neste trabalho, parece-me claro: trata-se de uma obra que representa, como poucas, a crise estrutural da sociedade brasileira, o que faz dela um instrumento de corrosão do projeto nacional historicamente consolidado pela burguesia. Mais do que isso: ao se constituir nesse instrumento, confronta o sistema literário, na medida em que polemiza com a tradição literária nacional e com seus contemporâneos, sinalizando a alternativa estética pela qual a literatura brasileira possa contemplar o ponto de vista dos marginalizados desse projeto burguês de sociedade.

Graciliano Ramos está, assim, confirmando a linha de continuidade a que alude Garbuglio (1987, p. 381), inaugurada por Euclides da Cunha, contribuindo para a caracterização de uma sociedade enrijecida pela cristalização de sua estrutura em classes, mas com um diferencial que considero crucial: a adoção do ponto de vista de classe do lado perdedor, do derrotado no processo de dominação.

Inegavelmente a literatura de Graciliano Ramos é também intérprete do Brasil. As peculiaridades estruturais identificadas por Sérgio Buarque de Holanda, Caio Prado Júnior, Celso Furtado, Antonio Candido, Ignácio Rangel e outros intelectuais da época constituem a vida social que seus romances representam. O escritor soube integrar na representação do processo social essas peculiaridades, sem explicitamente falar delas ou denunciá-las em tom panfletário, mas integrando-as à literatura como partes dialeticamente constitutivas da economia e da vida nacionais.

Rangel (2005) identifica, em sua tese de doutoramento – *Dualidade básica da economia brasileira* – , em 1957, a existência, no Brasil, de uma economia que é, ao mesmo tempo, moderna e antiga, apresentando

> aspectos bem definidos de todas as etapas do desenvolvimento da sociedade humana. Temos o comunismo primitivo, nas tribos selvagens; certas formas mais ou menos dissimuladas de escravidão. Em algumas áreas retrógradas, onde, sob a aparência de dívidas, se compram e se vendem, não raro, os próprios homens; o feudalismo, em diversas formas, um pouco por todo o país; o capitalismo em todas as suas etapas: mercantil, industrial e financeiro. (RANGEL, 2005, p. 293)

Trata-se então de uma economia que possui um setor pré-capitalista e outro capitalista – sendo este último heterogêneo, pois, como parte do capitalismo mundial, encontra-se em declínio, pela perda de sua capacidade de se ajustar automaticamente às demandas do mercado internacional. Por outro lado, internamente, reage pelo surgimento de um "vigoroso capitalismo nacional, com uma problemática própria, centrada não na procura, mas na oferta, à maneira clássica." (p. 292)

Entretanto, guardam-se as devidas diferenças na identificação dos modos de produção pré-capitalistas coexistentes no Brasil, na medida em que o latifúndio brasileiro possui função econômica diferente do latifúndio feudal medieval ou asiático. A função da escravidão na sociedade brasileira é diferente daquela que existiu na sociedade greco-romana. A moderna indústria brasileira é também funcionalmente diferente da indústria inglesa. Isso quer dizer que, para apreendermos a função do latifúndio, da escravidão e da indústria moderna na sociedade brasileira, precisamos conhecer a função que essas categorias tiveram, como formas históricas, em outras sociedades. Só assim se torna possível analisar as relações dominantes, interna e externamente a cada unidade produtiva da economia, para estabelecer a lei geral de funcionamento da economia brasileira: "A dualidade é a lei fundamental da economia brasileira" (p. 298).

Essa noção da dualidade constitutiva, não apenas da economia brasileira, mas de todas as formas de relações sociais no Brasil, foi também apreendida, variando-se os enfoques e a intensidade, por Sérgio Buarque de Holanda, Celso Furtado, Antonio Candido, Gilberto Freire e outros estudiosos da formação da nacionalidade brasileira. Esses intérpretes da vida social do Brasil tiveram o mérito de dar visibilidade a essa estrutura dual e iniciar a investigação do seu papel como parte integrante do projeto nacional da burguesia.

Assim, as Ciências Sociais identificam, dissecam e analisam aquilo a que se deve dar sentido para o melhor entendimento da vida social brasileira. A Literatura apreende e representa essa matéria, traduzindo em vida os problemas evidenciados por economistas, sociólogos e historiadores.

Veja-se que Schwarz (2000) também apreende essa dualidade estrutural, em seu ensaio "As idéias fora do lugar", em que é analisada uma marca permanente da vida social brasileira na relação da elite com a classe intermediária entre esta e os escravos, que é a *política do favor*, da qual "o agregado é [...] caricatura" (p. 16). Por meio de sucessivos arranjos das elites nacionais, reproduz-se e se perpetua essa forma de relação entre classes, determinando a natureza das atividades em todas as esferas da vida social: "O favor, ponto por ponto, pratica a dependência da pessoa, a exceção à regra, a cultura interessada, remuneração e serviços pessoais" (p. 17), exatamente a inversão dos valores postulados no processo de afirmação histórica da civilização burguesa.

Esse crítico atribui a essa inversão

> o "desconcerto" que foi o nosso ponto de partida: a sensação que o Brasil dá de dualismo e factício – contrastes rebarbativos, desproporções,

disparates, anacronismos, contradições, conciliações e o que for – combinações que o Modernismo, o Tropicalismo e a Economia Política nos ensinaram a considerar. (p. 21)

Trata-se, na verdade, das formas objetivas da História brasileira, com as quais o escritor lida ao produzir seus textos "e que não as trata, se as tratar diretamente" (p. 31).

Daí se pode obter alguma idéia da complexidade que envolve a produção literária e o posicionamento de classe do escritor em países de condição colonial como os latino-americanos. E essa é apenas uma das faces do problema da existência da literatura em países como o nosso, cujos expressivos contingentes de analfabetismo, apesar de figurarem na representação literária como a inevitável fantasmagoria das vozes silenciadas e aniquiladas no processo de implantação do projeto modernizador, estão ainda longe de terem acesso a essa produção social.

Antonio Candido defende o acesso à literatura como um direito:

> A distinção entre cultura popular e cultura erudita não deve servir para justificar e manter uma separação iníqua, como se do ponto de vista cultural a sociedade fosse dividida em esferas incomunicáveis de fruidores. Uma sociedade justa pressupõe o respeito dos direitos humanos, e a fruição da arte e da literatura em todas as modalidades e em todos os níveis é um direito inalienável. (CANDIDO, 2004e, p.191)

Por isso penso no sentido da leitura de *Vidas secas* hoje, 70 anos após seu lançamento, quando o chão social com que a obra se relaciona evidencia ter se modificado quase nada ou muito pouco. Analfabetismo, indigência, marginalização e segregação são ainda conseqüências diretas das relações entre as classes. Novas formas sociais foram inventadas para a casa-grande e a senzala. Novas denominações vigoram para o latifúndio. Novos tipos de agregados se somam à defesa da propriedade privada e da concentração da terra e da riqueza.

Trata-se, então, de um romance que não perdeu atualidade. E não perderá, pelo menos enquanto seu chão social for o desse país dual, protagonista de uma transição inconclusa. Porque *Vidas secas* é a representação do Brasil preso no limbo entre o mundo arcaico e o mundo moderno em disputa nessa transição.

Referências

Literárias

Obras de Graciliano Ramos

RAMOS, Graciliano. *Alexandre e outros heróis*. Rio de Janeiro; São Paulo: Record, 1979.

RAMOS, Graciliano. *Angústia*. Rio de Janeiro: Record; São Paulo: Martins, 1975.

RAMOS, Graciliano. *Caetés*. São Paulo: Martins, 1969.

RAMOS, Graciliano. Discurso inédito de 24 de outubro de 1942. In: SCHMIDT, A. F. *Homenagem a Graciliano Ramos*. Rio de Janeiro: s/e, 1943.

RAMOS, Graciliano. *Infância*. São Paulo: Martins, 1969.

RAMOS, Graciliano. *Memórias do cárcere*. Rio de Janeiro: José Olympio, 1973. 4 v.

RAMOS, Graciliano. *São Bernardo*. Rio de Janeiro: Record, 1976.

RAMOS, Graciliano. *Vidas secas*. Rio de Janeiro; São Paulo: Record, 2000.

RAMOS, Graciliano. *Viventes das Alagoas*. Rio de Janeiro; São Paulo: Record, 1992.

Teóricas e analíticas

ADORNO, Theodor W. *Dialectica negativa*. Tradução de José María Ripalda. Madrid: Taurus, 1975.

ADORNO, Theodor W. *Notas de literatura*. Tradução de Celeste Galeão e Idalina A. da Silva. Rio de Janeiro: Tempo Brasileiro, 1991.

ADORNO, Theodor W. *Notas de literatura I*. Tradução de Jorge M. B. de Almeida. SãoPaulo: Duas Cidades; Ed. 34, 2003.

ADORNO, Theodor W.; HORKHEIMER, Max. *Dialética do esclarecimento*. Tradução de Guido Antonio de Almeida. Rio de Janeiro: Jorge Zahar Ed., 1985.

AGUIAR, Flávio. (Org.) *Antonio Candido*: Pensamento e militância. São Paulo: Ed. Fundação Perseu Abramo; Humanitas/FFLCH/USP, 1999.

AHMAD, Aijaz. *Linhagens do presente*. Tradução de Sandra Guardini Vasconcelos. São Paulo: Boitempo, 2002.

ALTHUSSER, Louis. Ideologia e Aparelhos Ideológicos de Estado (Notas para uma investigação). In: ZIZEK, Slavoj (Org.) *Um mapa da ideologia*. Tradução de Vera Ribeiro. Rio de Janeiro: Contraponto, 1996.

AMBROGIO, Ignazio. *Ideologías y técnicas literarias*. Madrid: Akal Editor, 1975.

ANDERSON, Perry. *Considerações sobre o marxismo ocidental*; Nas trilhas do materialismo histórico. Tradução de Isa Tavares. São Paulo: Boitempo, 2004.

ANDRADE, Ana Luiza. A linguagem territorial e o intertexto cultural utópico latinoamericano: Graciliano Ramos e Juan Rulfo. *Revista de Critica Literaria Latinoamericana*, año XXIII, n. 45. Lima-Berkeley, p. 97-106, 1er. semestre de 1997.

AUERBACH, Erich. *Mimesis*: a representação da realidade na literatura ocidental. 5. ed. São Paulo: Perspectiva, 2004.

AZPITARTE, Juan M. Introducción. In: ALTHUSSER, L. *et al. Para una crítica del fetichismo literario*. Madrid: Akal Editor, 1975.

BAKHTIN, Mikhail. *A cultura popular na Idade Média e no Renascimento*: o contexto de François Rabelais. Tradução de Yara Frateschi Vieira. São Paulo: Hucitec, 1987.

BAKHTIN, Mikhail. *Estética da criação verbal*. Tradução do francês de Maria Ermantina Galvão. São Paulo: Martins Fontes, 2000.

BAKHTIN, Mikhail. *Marxismo e filosofia da linguagem*. Tradução de Michel Lahud e Yara Frateschi Vieira. São Paulo: Hucitec, 1986.

BAKHTIN, Mikhail. *Problemas da poética de Dostoiévski*. Tradução de Paulo Bezerra. Rio de Janeiro: Forense-Universitária, 1981.

BAKHTIN, Mikhail. *Questões de literatura e de estética* (A teoria do romance). Tradução de Aurora F. Bernardini, José Pereira Jr., Augusto Góes Jr., Helena S. Nazário e Homero F. de Andrade. São Paulo: Hucitec; Ed. UNESP, 1988.

BALIBAR, E.; MACHEREY, P. Sobre la literatura como forma ideológica. In: ALTHUSSER, L. *et al. Para una crítica del fetichismo literario*. Madrid: Akal Editor, 1975.

BAPTISTA, Abel Barros. Na torre da igreja uma coruja piou... *Colóquio* – Letras, n. 129/130, p. 159-182, jul./dez. 1993.

BARBOSA, João Alexandre. *Alguma crítica*. Cotia, SP: Ateliê Editorial, 2002.

BARTHES, Roland. *Novos ensaios críticos* seguidos de O grau zero da escritura. Tradução de Heloysa de L. Dantas, Anne Arnichand e Álvaro Lorencini. São Paulo: Cultrix, 1993.

BASTOS, Hermenegildo. *As Memórias do cárcere* e a impossibilidade da literatura. *Cadernos da Católica*, Brasília: Universa, ano 2, n. 2, p. 31-42, maio 1996.

BASTOS, Hermenegildo. A permanência da literatura. *Cerrados* – Revista do Curso de Pós-graduação em Literatura. Brasília, ano 7, n. 8, 1998a.

BASTOS, Hermenegildo. Destroços da modernidade. In: REZENDE, Marcelo (Org.). *Dossiê Cult*: literatura brasileira. São Paulo: Ed. Bregantini, 2004a.

BASTOS, Hermenegildo. *Graciliano Ramos*: a "língua de Camões", a língua literária nacional e a língua do dominado (Ensaio). Inédito, 2005a.

BASTOS, Hermenegildo. *Memórias do cárcere*: literatura e testemunho. Brasília: EdUnB, 1998b.

BASTOS, Hermenegildo. Nosso tio, o João. *UnB Revista*, Brasília, ano V, n. 10, p. 114-115, set./out./nov, 2004b.

BASTOS, Hermenegildo. *Relíquias de la casa nueva*. La narrativa latinoamericana: el eje Graciliano-Rulfo. Tradução de Antelma Cisneros. México, DF: Universidad Nacional Autónoma de México, 2005b.

BASTOS, Hermenegildo; BRUNACCI, Maria Izabel. História literária entre acumulação e resíduo: o eixo Graciliano-Rulfo. *IV Seminário de Estudos de Cultura e Literatura Brasileira*. Brasília, 8 a 10/12/2004. Disponível em: <http://www.grupoformação.pop.com.br>.

BENJAMIN, Walter. *Obras escolhidas*. Magia e técnica, arte e política. Tradução de Sergio Rouanet. São Paulo: Brasiliense, 1985.

BENJAMIN, Walter. *Origem do drama barroco alemão*. Tradução de Sergio Paulo Rouanet. São Paulo: Brasiliense, 1984.

BIZARRI, Edoardo. Graciliano Ramos, romancista. *Cadernos Rioarte*, Caderno Azul, ano I, n. 2, jan. 1985.

BOSI, Alfredo. *Céu, inferno*. São Paulo: Duas Cidades; Ed. 34, 2003.

BOSI, Alfredo. *Dialética da colonização*. São Paulo: Companhia das Letras, 1992.

BOSI, Alfredo. *Literatura e resistência*. São Paulo: Companhia das Letras, 2002.

BRAGA, Rubem. Vidas secas. *Teresa* – Revista de Literatura Brasileira, Departamento de Letras Vernáculas, FFLCH/USP, São Paulo: Ed. 34, n. 2, p. 127-128, 2001.

BRASIL. Instituto Brasileiro de Geografia e Estatística. *Pesquisa nacional por amostragem de domicílios – PNAD*. (2004). Disponível em: <http://www.ibge.gov.br>.

BRAYNER, Sonia (Org.). *Graciliano Ramos*. Rio de Janeiro: Civilização Brasileira; Brasília: INL, 1977. (Coleção Fortuna Crítica).

BUENO, Luís. Os três tempos do romance de 30. *Teresa* – Revista de Literatura Brasileira, Departamento de Letras Vernáculas, FFLCH/USP, São Paulo: Ed. 34, n. 3, 2002.

BULHÕES, Marcelo Magalhães. *Literatura em campo minado*. A metalinguagem em Graciliano Ramos e a tradição literária brasileira. São Paulo: Annablume: FAPESP, 1999.

CAMILO, Wagner. Graciliano Ramos. In: PIZARRO, Ana (Org.). *América Latina*. Palavra, literatura e cultura. São Paulo: Memorial; Campinas: UNICAMP, 1995.

CANDIDO, Antonio. *A educação pela noite e outros ensaios*. 3. ed. São Paulo: Ática, 2000a.

CANDIDO, Antonio. *Brigada ligeira*. Rio de Janeiro: Ouro sobre Azul, 2004a.

CANDIDO, Antonio. *Ficção e confissão*. Rio de Janeiro: Ed. 34, 1992.

CANDIDO, Antonio. *Formação da literatura brasileira*. 8. ed. Belo Horizonte: Itatiaia, 1997. 2 v.

CANDIDO, Antonio. *Literatura e sociedade*. São Paulo: T. A. Queiroz: Publifolha, 2000b.

CANDIDO, Antonio. *O albatroz e o chinês*. Rio de Janeiro: Ouro sobre Azul, 2004b.

CANDIDO, Antonio. *O discurso e a cidade*. São Paulo: Duas Cidades, 1998.

CANDIDO, Antonio. *O observador literário*. Rio de Janeiro: Ouro sobre Azul, 2004c.

CANDIDO, Antonio. *Recortes*. São Paulo: Companhia das Letras, 1996.

CANDIDO, Antonio. *Tese e antítese*. São Paulo: T. A. Queiroz, 2000c.

CANDIDO, Antonio. *Textos de intervenção*. Seleção, apresentações e notas de Vinicius Dantas. São Paulo: Duas Cidades, 2002.

CANDIDO, Antonio. *Vários escritos*. Rio de Janeiro: Ouro sobre Azul; São Paulo: Duas Cidades, 2004d.

CANDIDO, Antonio et al. *A personagem de ficção*. São Paulo: Perspectiva, 2004e.

CARPEAUX, Otto Maria. Visão de Graciliano Ramos. In: BRAYNER, Sonia (Org.). *Graciliano Ramos*. Rio de Janeiro: Civilização Brasileira; Brasília: INL, 1977. (Coleção Fortuna Crítica).

CEVASCO, Maria Elisa. *Dez lições sobre estudos culturais*. São Paulo: Boitempo, 2003.

CHAUÍ, Marilena. Seminário I. In: CHAUÍ, Marilena. *Seminários*: o nacional e o popular na cultura brasileira. São Paulo: Brasiliense, 1983.

CHIAPPINI, Lígia; AGUIAR, Flávio. (Orgs.) *Literatura e história na América Latina*. São Paulo: Edusp, 1993.

CISNEROS ALVARADO, Antelma. *Vidas secas de Graciliano Ramos*. Dissertação (Mestrado em Letras) – Facultad de Filosofía y Letras, Universidad Nacional Autónoma de México. México, DF, 2004. 138 p.

CORNEJO POLAR, Antonio. *O condor voa*. Literatura e cultura latino-americana. (Organização de Mario J. Valdés). Belo Horizonte: Ed. UFMG, 2000.

CORRÊA, Ana Laura dos Reis. *Na "Estrada do Acaba Mundo"*: fantasmagoria, coleção e máquina na negatividade da obra de Murilo Rubião. Tese (Doutorado em Literatura Brasileira) – Departamento de Teoria Literária e Literaturas, Universidade de Brasília, 2004. 250 p.

COSTA, Deane Maria Fonseca de Castro e. *O nervo exposto da literatura*: a representação da condição do escritor periférico em *A rainha dos cárceres da Grécia*. Tese (Doutorado em Teoria Literária) – Departamento de Teoria Literária e Literaturas, Universidade de Brasília, 2005. 223 p.

COSTA LIMA, Luiz. *Sociedade e discurso ficcional*. Rio de Janeiro: Guanabara, 1986.

COSTA LIMA, Luiz. *Vida e mimesis*. Rio de Janeiro: Ed. 34, 1995.

COUTINHO, Carlos Nelson. *Literatura e humanismo*. Rio de Janeiro: Paz e Terra, 1967.

DACANAL, José Hildebrando. *O romance de 30*. Porto Alegre: Novo Século, 2001.

DANTAS, Vinicius. *Antonio Candido*: Textos de intervenção. São Paulo: Duas Cidades; Ed. 34, 2002a. (Coleção Espírito Crítico).

DANTAS, Vinicius. *Bibliografia de Antonio Candido*. São Paulo: Duas Cidades; Ed. 34, 2002b. (Coleção Espírito Crítico).

EAGLETON, Terry. *A ideologia da estética*. Tradução de Mauro Sá Rego Costa. Rio de Janeiro: Jorge Zahar Ed., 1993.

FACIOLI, Valentim. Um homem bruto da terra. In: GARBUGLIO, José Carlos, BOSI, Alfredo; FACIOLI, Valentim. *Graciliano Ramos*. São Paulo: Ática, 1987. p. 23-106.

FERGUSON, Charles A. Diglossia. *Word*, New York, v. 15, n. 2, p. 325-340, 1959.

FREIXIEIRO, Fábio. O estilo indireto livre em Graciliano Ramos. In: BRAYNER, Sônia (Org.). *Graciliano Ramos*. Rio de Janeiro: Civilização Brasileira; Brasília: INL, 1977.

GARBUGLIO, José Carlos. Graciliano Ramos: a tradição do isolamento. In: GARBUGLIO, José Carlos; BOSI, Alfredo; FACIOLI, Valentim. *Graciliano Ramos*. São Paulo: Ática, 1987. p. 366-385.

GARBUGLIO, José Carlos; BOSI, Alfredo; FACIOLI, Valentim. *Graciliano Ramos*. São Paulo: Ática, 1987.

GIL, Fernando Cerisara. *O romance da urbanização*. Porto Alegre: EDIPUCRS, 1999.

GRAMSCI, Antonio. *Cadernos do cárcere*. Tradução, organização e edição de Carlos Nelson Coutinho, Marco Aurélio Nogueira e Luiz Sérgio Henriques. Rio de Janeiro: Civilização Brasileira, 2002. 6 v.

GRAMSCI, Antonio. *Literatura e vida nacional*. Tradução de Carlos Nelson Coutinho. Rio de Janeiro: Civilização Brasileira, 1978.

HOBSBAWM, Eric. *Ecos da Marselhesa*. Dois séculos revêem a Revolução Francesa. São Paulo: Companhia das Letras, 1996.

JACKSON, Luiz Carlos. *A tradição esquecida*. Belo Horizonte: Ed. UFMG; São Paulo: FAPESP, 2002.

JAMESON, Fredric. La política de la utopía. *New Left Review*, Londres, n. 25, p. 37-54, jan./fev. 2004.

JAMESON, Fredric. *Marxismo e forma*. Teorias dialéticas da literatura no século XX. Tradução de Iumna Maria Simon, Ismail Xavier e Fernando Oliboni. São Paulo: Hucitec, 1985.

JAMESON, Fredric. *O inconsciente político*: A narrativa como ato socialmente simbólico. Tradução de Valter Lellis Siqueira. São Paulo: Ática, 1992.

JAMESON, Fredric. *O marxismo tardio*. Adorno, ou a persistência da dialética. Tradução de Luiz Paulo Rouanet. São Paulo: Fundação Ed. da UNESP; Ed. Boitempo, 1997.

JAMESON, Fredric. *Pós-modernismo*. A lógica cultural do capitalismo tardio. Tradução de Maria Elisa Cevasco. São Paulo: Ática, 2000.

JAMESON, Fredric. Sobre a intervenção cultural. *Crítica Marxista*, Campinas-SP, n. 18, p. 65-72, maio 2004.

JOVER, Ana *et al*. *100 anos de república*. Um retrato ilustrado da história do Brasil. São Paulo: Ed. Nova Cultural, 1989. v. IV (1931-1940).

LAFETÁ, João Luiz. *A dimensão da noite*. Organização e Nota preliminar: Antonio Arnoni Prado. São Paulo: Duas Cidades; Ed. 34, 2004.

LAFETÁ, João Luiz. Édipo guarda-livros: leitura de Caetés. *Teresa* – Revista de Literatura Brasileira. Departamento de Letras Vernáculas. FFLCH/USP, São Paulo: Ed. 34, n. 2, p. 86-123, 2001.

LAFETÁ, João Luiz. Narrativa e busca. In: GARBUGLIO, José Carlos; BOSI, Alfredo; FACIOLI, Valentim. *Graciliano Ramos*. São Paulo: Ática, 1987. p. 304-307.

LINS, Álvaro. Valores e misérias das vidas secas. In: RAMOS, Graciliano. *Vidas secas*. Rio de Janeiro; São Paulo: Record, 2000.

LUCAS, Fábio. Particularidades estilísticas de *Vidas secas*. In: SEGATTO, J. A.; BALDAN, Ude. (Orgs.) *Sociedade e literatura no Brasil*. São Paulo: Ed. UNESP, 1999. p. 107-119.

LUKÁCS, Georg. *A teoria do romance*. Tradução de José Marcos Mariani de Macedo. São Paulo: Duas Cidades; Ed. 34, 2000.

LUKÁCS, Georg. *Ensaios sobre literatura*. Tradução de Leandro Konder. Rio de Janeiro: Civilização Brasileira, 1968.

LUKÁCS, G. *História e consciência de classe*. Tradução de Rodnei Nascimento. São Paulo: Martins Fontes, 2003.

LUKÁCS, G. *Ontología del ser social*: el trabajo. Tradução de Antonino Infranca y Miguel Vedda. Buenos Aires: Herramienta, 2004.

MACHEREY, Pierre. *Para uma teoria da produção literária*. Tradução de Ana Maria Alves. São Paulo: Edições Mandacaru, 1989.

MAGALHÃES, Belmira. *Vidas Secas*. Os desejos de sinha Vitória. Curitiba: HD Livros Ed., 2001.

MALARD, Letícia. *Ideologia e realidade em Graciliano Ramos*. Belo Horizonte: Itatiaia, 1976.

MARCHEZAN, Luiz Gonzaga. Literatura e regionalismo. In: SEGATTO, J. A.; BALDAN, Ude. (Orgs.) *Sociedade e literatura no Brasil*. São Paulo: Ed. UNESP, 1999.

MARINI, Ruy Mauro. *Dialética da dependência*. Petrópolis: Vozes; Buenos Aires: CLACSO, 2000.

MARX, Karl. *Formações econômicas pré-capitalistas*. São Paulo: Paz e Terra, 1981.

MARX, Karl. *O capital*. Tradução de Regis Barbosa e Flávio R. Khote. São Paulo: Abril Cultural, 1983.

MARX, Karl. *Para a crítica da economia política*. Tradução de Edgard Malagoli *et al.* São Paulo: Abril Cultural, 1982. (Coleção Os Economistas).

MARX, Karl. *Textos económicos*. Tradução de Maria Flor M. Simões. Lisboa: Editorial Estampa, 1975.

MARX, Karl; ENGELS, Friedrich. *A ideologia alemã*. Lisboa: Presença, s/d. Disponível em: <http://virtualbooks.terra.com.br/freebook/colecaoridendo>.

MARX, Karl; ENGELS, Friedrich. Manifesto do Partido Comunista. In: REIS FILHO, Daniel Aarão (Org.). *O Manifesto Comunista 150 anos depois*. Rio de Janeiro: Contraponto; São Paulo: Fundação Perseu Abramo, 1998.

MIRANDA, Wander Melo. *Corpos escritos*. São Paulo: Edusp; Belo Horizonte: Ed. UFMG, 1992.

MORAIS, Dênis de. *O velho Graça*. Uma biografia de Graciliano Ramos. Rio de Janeiro: José Olympio, 1996.

MORETTI, Franco. Conjeturas sobre a literatura mundial. In: SADER, Emir (Org.). *Contracorrente*: o melhor da New Left Review em 2000. Rio de Janeiro: Record, 2001.

MOURÃO, Rui. *Estruturas* – ensaio sobre o romance de Graciliano. Rio de Janeiro: Arquivo Ed. e Dist., 1971.

NEPOMUCENO, André Matias. *A função da interpelação e do assujeitamento ideológico no efeito literário do fantástico*: um comentário a dois contos de Murilo Rubião sob um viés althusseriano. Dissertação (Mestrado em Teoria Literária) – Departamento de Teoria Literária e Literaturas, Universidade de Brasília, 2001. 196 p.

NOBRE, Marcos. *A dialética negativa de Theodor W. Adorno*. São Paulo: Iluminuras; FAPESP, 1998.

NOBRE, Marcos. *Lukács e os limites da reificação*. São Paulo: Ed. 34, 2001.

OLIVEIRA, Francisco de. *A economia da dependência imperfeita*. 3. ed. Rio de Janeiro: Edições do Graal, 1980.

OLIVEIRA, Franklin de. Graciliano Ramos. In: BRAYNER, Sônia (Org.). *Graciliano Ramos*. Rio de Janeiro: Civilização Brasileira; Brasília: INL, 1977.

PEDROSA, Célia. *Antonio Candido*: a palavra empenhada. São Paulo: Edusp; Niterói, EDUFF, 1994.

PELLEGRINI, Tânia. O povo como adereço: o carnaval de Jorge Amado. In: SEGATTO, J.; BALDAN, Ude. (Orgs.) *Sociedade e literatura no Brasil*. São Paulo: Ed. UNESP, 1999. p. 121-142.

PEREIRA, Lúcia Miguel. *A leitora e seus personagens*. Rio de Janeiro: Graphia; Fundação Biblioteca Nacional, 2005.

PILATI, Alexandre Simões. *A representação da condição de autor na poesia de Ferreira Gullar*. Dissertação (Mestrado em Literatura Brasileira) – Departamento de Teoria Literária e Literaturas, Universidade de Brasília, 2002. 202 p.

POLINÉSIO, Julia Marchetti. *O conto e as classes subalternas*. São Paulo: Annablume, 1994.

RAMA, Ángel. *A cidade das letras*. São Paulo: Brasiliense, 1985a.

RAMA, Ángel. La ciudad escrituraria. In: SOSNOWSKI, Saul; MARTÍNEZ, Tomás Eloy (Orgs.). *La crítica de la cultura en América Latina*, Caracas: Biblioteca Ayacucho, n. 119, p. 3-19, 1985b.

RAMA, Angel. *Transculturación narrativa en América Latina*. 3. ed. México: Siglo Veintiuno Ed., 1987.

RAMA, Ángel. Um processo autonômico: das literaturas nacionais à literatura latino-americana. Tradução de Nestor Deola. *Argumento* – Revista mensal de cultura, ano 1, n. 3, jan. 1974.

RANGEL, Ignácio. *Obras reunidas*. Organização de César Benjamin. Rio de Janeiro: Contraponto, 2005. 2 v.

RODRÍGUEZ, Juan Carlos. *Teoría e historia de la producción ideológica*. I / Las primeras literaturas burguesas (siglo XVI). Madrid: Akal Editor, 1974.

RUBIN, Isaac Illich. *A teoria marxista do valor*. Tradução de José Bonifácio S. Amaral Filho. São Paulo: Liv. e Ed. Polis, 1987.

RUEDAS DE LA SERNA, Jorge. *História e literatura*: Homenagem a Antonio Candido. Campinas, SP: Ed. da UNICAMP; Fundação Memorial da América Latina: São Paulo: Imprensa Oficial do Estado, 2003.

SANTOS, Maria de Lourdes Dionizio. A resistência da poesia em *Vidas secas* de Graciliano Ramos. *Terra roxa e outras terras* – Revista de estudos literários, v. 3, 2003. Disponível em: <http://www.uel.br/cch/pos/letras/terraroxa>.

SEGATTO, José Antonio. Cidadania de ficção. In: SEGATTO, J. A.; BALDAN, Ude. (Orgs.) *Sociedade e literatura no Brasil*. São Paulo: Ed. UNESP, 1999.

SCHWARZ, Roberto. *Ao vencedor as batatas*. São Paulo: Duas Cidades; Ed. 34, 2000.

SCHWARZ, Roberto. *Que horas são?* São Paulo: Companhia das Letras, 1987.

SCHWARZ, Roberto. *Seqüências brasileiras*. São Paulo: Companhia das Letras, 1999.

SCHWARZ, Roberto. *Um mestre na periferia do capitalismo* – Machado de Assis. São Paulo: Duas Cidades, 1990.

SOUZA, Germana Henriques Pereira de. *Carolina Maria de Jesus* – O estranho diário da escritora vira-lata. Tese (Doutorado em Teoria Literária) – Departamento de Teoria Literária e Literaturas, Universidade de Brasília, 2004. 252 p.

VALDÉS, Mario J. Conversação com Cornejo Polar sobre a história da literatura latino-americana. In: CORNEJO POLAR, Antonio. *O condor voa*. Literatura e cultura latino-americana. Organização Mario J. Valdés. Belo Horizonte: Ed. UFMG, 2000.

WALLERSTEIN, Immanuel. *O capitalismo histórico*. São Paulo: Brasiliense, 1985.

WEBER, João Hernesto. *A nação e o paraíso*. A construção da nacionalidade na historiografia literária brasileira. Florianópolis: Ed. da UFSC, 1997.

WILLIAMS, Raymond. *Tragédia moderna*. Tradução de Bertina Bischof. São Paulo: Cosac & Naif, 2002.

WOLFF, Janet. *A produção social da arte*. Rio de Janeiro: Zahar Ed., 1982.

Qualquer livro do nosso catálogo não encontrado nas livrarias pode ser pedido por carta, fax, telefone ou pela Internet.

✉ Rua Aimorés, 981, 8º andar – Funcionários
Belo Horizonte-MG – CEP 30140-071

📱 Tel: (31) 3222 6819
Fax: (31) 3224 6087
Televendas (gratuito): 0800 2831322

@ vendas@autenticaeditora.com.br
www.autenticaeditora.com.br

Este livro foi composto com tipografia Minion regular, e impresso em papel Off set 75 g. na Sermograf Artes Gráficas.